『영어의 뼈와 살 Level Up 은 이런 책이에요.』

문장의 5형식, 현재완료, 수동태, 가정법,
to부정사, 분사, 명사절, 부사절, 형용사절(관계사절) 등이
영어에서 가장 어렵게 느껴지는 부분들이에요.

각각을 이해하고 익히는 것도 어렵지만,
실제로는 이것들을 종합적으로 활용해야 하기에
영어가 더더욱 어렵게 느껴질 수 있어요.

<영어의 뼈와 살 Level Up>에서는
제일 먼저, 문장의 기본적인 5형식과 구성하는 요소들을 배워요.
그리고, 5형식 문장을 기본 틀로 삼아
각각의 자리에 쓰는 말들을 차례차례 이해해요.
그 다음으로 기본적인 틀에 수식하여 더해지는 말들이
어디에서 어떻게 작동하는지를 익혀요.

복잡한 문법을 세분화하여,
한 포인트당 한 줄 설명으로 가볍고 빠르게 읽고,
문장 구조를 한눈에 볼 수 있는 개요도(schema) 형식의 예문을 통해 쉽게 이해해요.

그렇게 수필을 읽듯이 읽다 보면,
길을 잃지 않고 끝까지 따라갈 수 있는 것은 물론
영어의 전체가 머릿속에 그려져요.

많은 세부적인 내용 또는 어려운 설명 때문에, 배우기는 했지만 잘 이해하지 못했거나,
각각은 이해는 했지만 전체적인 영어가 꿰어지지 않는 분들께
<영어의 뼈와 살 Level Up>을 추천해 드려요.

특히, 고입 및 대입 준비생들과,
입사 및 토익을 비롯한 각종 어학 시험을 준비하고 있는 분들께는
필독을 권해 드립니다.

Feature 01
"영어의 맥"을 잡는 문형과 구성 요소 학습

우선, 문장을 구성하는 기본 요소인 '주어', '동사', '목적어', '보어'로 만들어지는
기본 5가지 문장 형식을 배워요. 그리고 각각의 구성 요소의 자리에 쓰이는 말들을
차례차례 배워요. 그 다음, 그것을 수식하는 말들이 어디에 어떻게 첨가되는지 배워요.

예를 들어, '주어' 자리에 들어가는 명사와 대명사 이외에도
명사 역할을 하는 to부정사, 동명사, 명사절이 쓰이는 것을 배우고,

명사인 '주어'를 꾸며 주는 형용사 이외에
형용사 역할을 하는 전치사구, to부정사, 분사, 형용사절과 같은 '수식어'를 배워요.

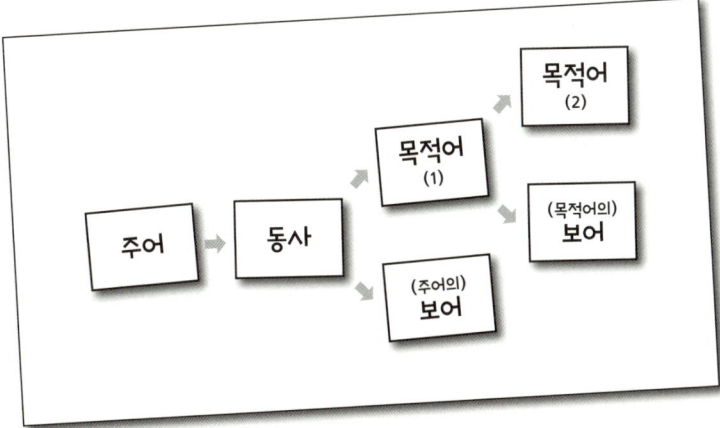

Feature 02
"한 줄 설명"을 수필 읽듯 가볍게

다른 영어 문법책에서 흔히 볼 수 있는,
한 페이지에 가득 집약되고 정리된 설명 방식으로 제시되고 있지 않아요.

꼭 필요한 규칙들만 하나하나 풀어서 설명하므로,
쉽고 빠르게 이해할 수 있어요.

한 포인트당 한 줄 설명을
수필집을 읽듯이 가볍게 읽어 나가다 보면,
복잡할 것만 같았던 영어의 규칙들이 머릿속에 그려질 거예요.

『 [동사] 뒤에 '누구에게'와 '무엇을'이라는 [목적어]가 2개 있다면 4형식 문장이에요. 』

『 보어 자리에는 명사나 형용사 역할을 하는 말들을 써요. 』

Feature 03
"문장 개요도"로 예문 제시

문장의 기본적인 구성 요소인
'주어, 동사, 목적어, 보어', 이 4가지로 구성된
문장의 개요도(schema) 안에 '한 줄 설명'에 대한 예문이 들어 있어요.

각각의 문법 포인트를 배우고
한눈에 들어오는 개요도로 예문을 읽으면,
영어의 구조를 이미지로 인식하게 되고
영어를 이해하는 데 훨씬 더 도움이 돼요.

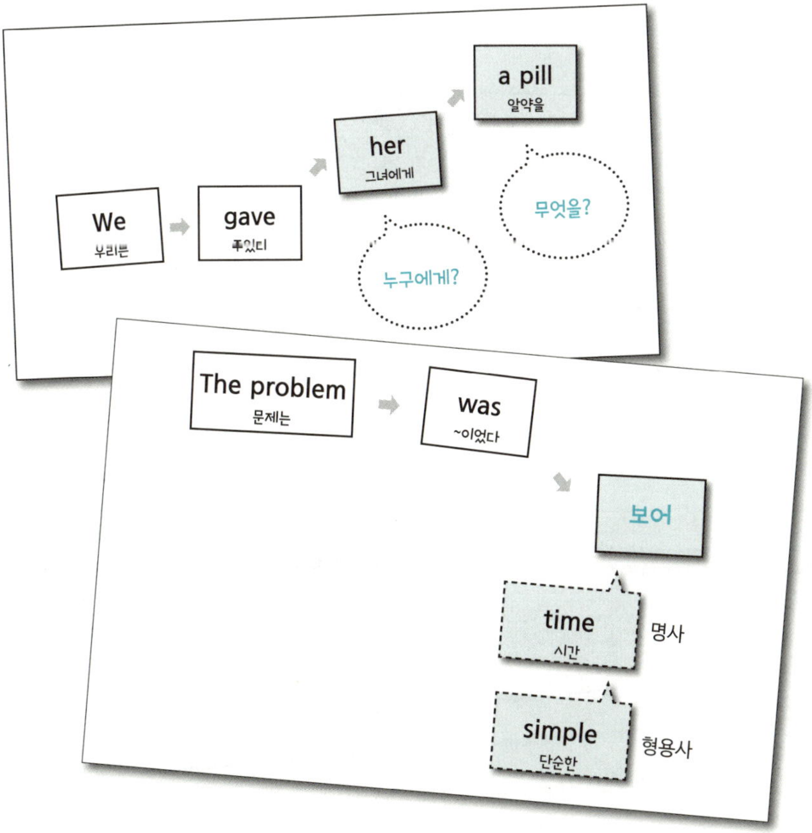

Feature 04
〈확인 문제〉로 다시 한번 개념 잡기

한 줄 설명 이후에 확인 문제가 기다리고 있어요.
하지만 '틀리면 어쩌지?' 걱정하지 마세요.

확인 문제는 얼마나 잘 이해를 했는지 확인하고자 함이 아니라,
앞서 읽은 한 줄 설명을 문제를 통해 다시 한번 익히는 과정이에요.

각 챕터의 중요 포인트를 요약한 해설을 참고하여
문제를 해결하는 과정을 거치면
영어의 개념을 잡는 데 더욱 도움이 되겠죠?

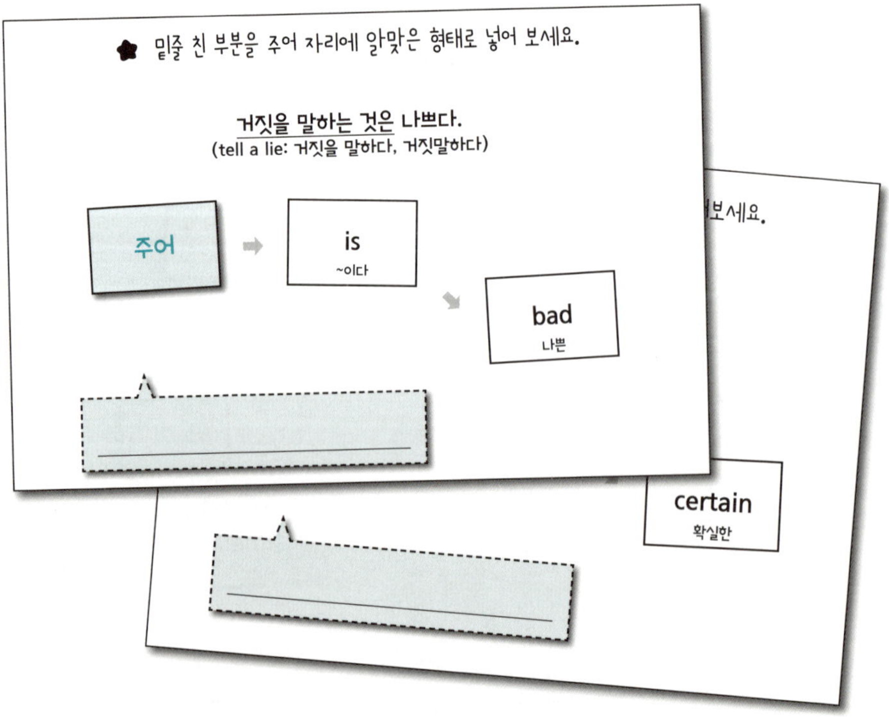

★ 밑줄 친 부분을 주어 자리에 알맞은 형태로 넣어 보세요.

거짓을 말하는 것은 나쁘다.
(tell a lie: 거짓을 말하다, 거짓말하다)

주어 ➡ is ~이다 ➡ bad 나쁜

certain 확실한

Feature 05
<내용 요약 및 확인>으로 한눈에 정리

한 줄 설명으로 술술 읽었던 내용이
낱개로 흩어지는 것을 방지하기 위해서,
각 챕터 마지막에 <내용 요약>을 한 페이지로 정리해 놓았어요.

각각의 목차에 대해 전체적인 그림을 그릴 수 있는지
확인하는 과정까지 거치면
진짜 영어의 맥을 제대로 잡을 수 있겠죠?

내용 요약 주어 1 (주어 자리에 쓰는 말)

❶ 주어 자리에 쓸 수 있는 말은 [명사] 예요.

  [   ]   [형용사] 와 같은 꾸며 주는 말이 붙을 수 있어요.

내용 확인 이 Chapter에서 배운 중요 내용을 빈칸을 채우며 확인하세요.

❶ 주어 자리에 쓸 수 있는 말은 _____ 예요.

❷ 명사는 그 앞에 _____ , _____ 와 같은 꾸며 주는 말이 붙을 수 있어요.

❸ 동사를 명사처럼 주어 자리에 쓰고 싶을 때는, 동사 앞에 _____ 를 붙여서
  _____ 로 만들거나, 동사 뒤에 _____ 를 붙여서 _____ 로 만들어요.

❹ to부정사나 동명사 뒤에 _____ , _____ 등을 쓸 수 있어요.

『 영어의 뼈와 살 Level up 은 이렇게 공부하세요. 』

1. 빠르게 2번, 느리게 1번 읽으세요.

이 책은 영어의 전체 구조를 머리에 넣고, 각각의 요소들이 문장 안에서
어떻게 작동하는지를 배우도록 기획되어 있어요.
그래서 전체를 한 번에 읽어야 영어에 대한 맥을 잡을 수 있어요.
최소 2번은 빠르게 읽으시고, 1번은 느리게 정독하실 것을 권해 드려요.

2. 공부하지 말고, 수필을 읽듯이 가볍게 읽으세요.

처음 2번 빠르게 읽을 때는 외우거나 쓰기보다는,
그냥 술술 읽어 나가며 영어가 어떻게 작동하는지만 이해하면 돼요.
개요도의 틀 안에 있는 예문은 입으로 소리 내어 읽으면 더욱 좋아요.
느리게 정독할 때도 전체적인 틀을 기억하며 읽어 주세요.

3. 확인 문제로 중요 포인트를 다시 한번 익히세요.

확인 문제는 배운 내용을 확인하는 과정이 아니라,
읽었던 내용을 다시 한번 문제의 형식을 통해 익히도록 하는 장치예요.
문제의 아래에 나오는 해설을 참고해 가볍게 문제를 풀다 보면,
중요 포인트를 다시 한번 익히게 돼요.

4. 학습한 후, 다른 영어 지문이나 문장을 읽어 보세요.

이 책을 충분히 읽은 후, 다른 영어 지문이나 문장을 보며
영어의 구조가 한눈에 들어오는지 스스로 확인해 보세요.
문장의 구성 요소가 어디부터 어디까지, 무엇무엇이며,
수식하고 있는 말들이 어디에 어떻게 쓰였는지가 파악된다면 성공입니다!

✿ 목차 ✿

● 시작하기 전에 꼭 알아야 할 사항 → 문장의 5형식   p.012

Chapter 01 → 주어 1 (주어 자리에 쓰는 말)   p.034

Chapter 02 → 주어 2 (가주어, 진주어, 의미상 주어)   p.053

Chapter 03 → 목적어 1 (목적어 자리에 쓰는 말: 3형식)   p.072

Chapter 04 → 목적어 2 (4형식과 5형식 문장의 목적어)   p.095

Chapter 05 → 보어 1 (보어 자리에 쓰는 말: 주격 보어)   p.114

Chapter 06 → 보어 2 (5형식 문장의 보어: 목적격 보어)   p.132

Chapter 07 → 동사 1 (동사의 형태 및 시제: 완료)   p.148

Chapter 08 → 동사 2 (수동태)   p.174

Chapter 09 → 형용사적 수식어 (형용사, 전치사구, 분사, to부정사)   p.196

Chapter 10 → 형용사절 (관계 대명사, 관계 부사)   p.220

Chapter 11 → 부사적 수식어 (부사, 전치사구, to부정사)   p.246

Chapter 12 → 부사절과 분사구문   p.269

Chapter 13 → 가정법   p.290

시작하기 전에 꼭 알아야 할 사항

문장의 5형식

문장을 구성하는 기본 성분은 '주어', '서술어(동사)', '목적어', '보어'예요.
영어는 이 4가지 성분을 이렇게 저렇게 나열하여 문장을 만들어요.

이 4가지 성분을 어떻게 나열하는가에 따라 5가지 형식의 문장으로 구분돼요.
영어를 잘 이해하기 위해, 제일 먼저 문장의 5형식을 배워요.

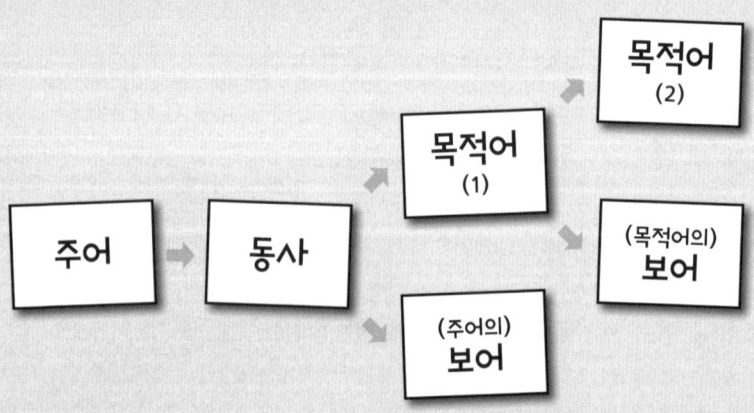

위 그림은 4가지 성분으로 만들 수 있는 문장들의 개요도예요.
이 개요도를 이용하여 문장의 5형식에 대해 함께 알아봐요.

문장의 5형식 1

『 가장 기본적인 [주어 + 동사]로만 이루어진 문장을
1형식 문장이라고 해요. 』

문장의 5형식 2

『 주어 자리에는 '명사', '대명사' 등 명사 역할을 하는 말들만 쓸 수 있어요. 』

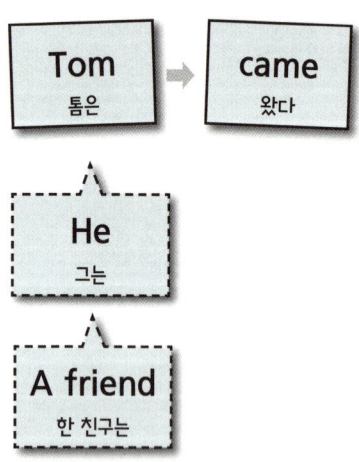

- 명사 역할을 하는 말들은 '명사', '대명사' 이외에도 'to부정사', '동명사', '명사절'이 있어요. (Chapter 01에서 자세하게 다루고 있어요.)

문장의 5형식 3

『 문장 뒤에는 수식어를 붙일 수 있어요. 하지만, 문장의 형식에는 영향을 주지 않아요. 』

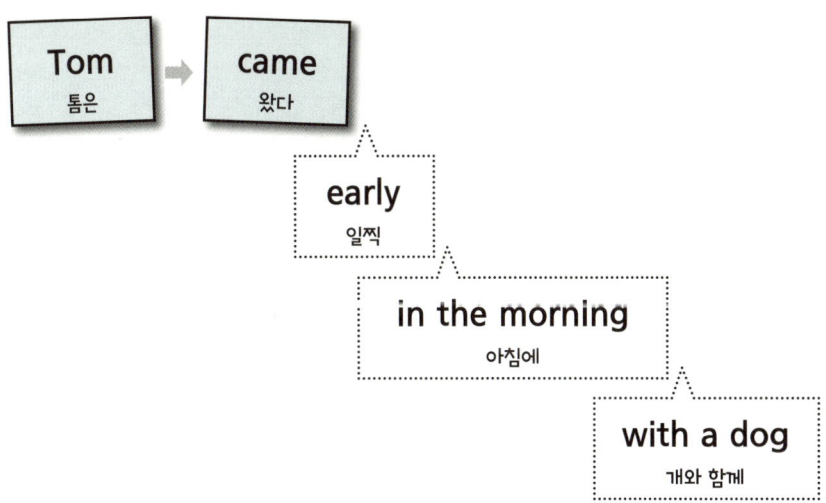

- 수식어는 형용사나 부사의 역할을 하는 말들을 의미해요.
- 문장의 뒤에 붙이는 부사적 수식어에는 '부사', '전치사구' 등이 있어요.

문장의 5형식 4

『 [주어 + 동사] 뒤에 주어를 설명해 주는 [보어]가 있는 문장을 2형식 문장이라고 해요. 』

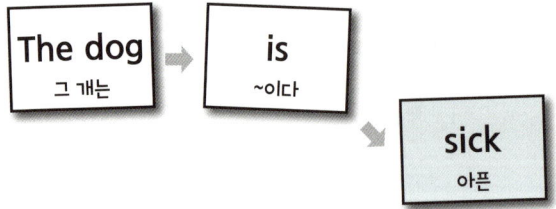

문장의 5형식 5

『 보어 자리에는 형용사나 명사 역할을 하는 말들을 쓸 수 있어요. 』

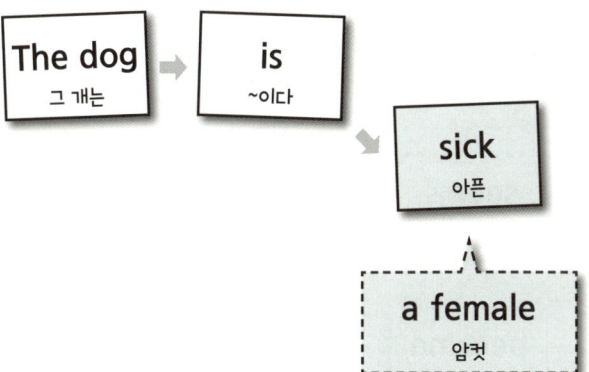

문장의 5형식 6

『 be동사(am, are, is)나 그 외 몇몇 일반동사 뒤에는, 반드시 [보어]가 필요해요. 』

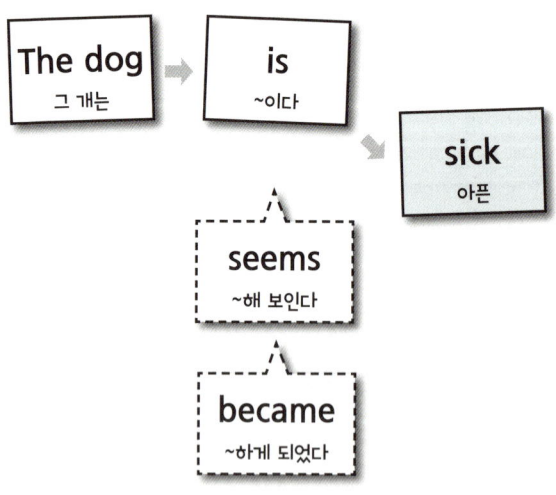

- 보어가 필요한 일반동사는 seem(~하게 보이다), become(~하게 되다) 이외에도 feel(~하게 느끼다), remain(~한 상태로 있다), look(~하게 보이다) 등 다양해요.

문장의 5형식   7

『 문장 뒤에 붙는 수식어는
문장의 형식에 영향을 주지 않아요. 』

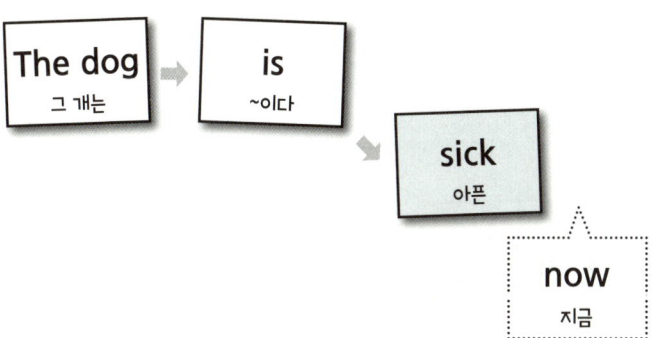

문장의 5형식 8

『 [주어 + 동사] 뒤에 [목적어]가 있는 문장이

3형식 문장이에요. 』

문장의 5형식 9

『 [주어]와 마찬가지로,

[목적어] 자리에는 <u>명사 역할을 하는 말</u>만 쓸 수 있어요. 』

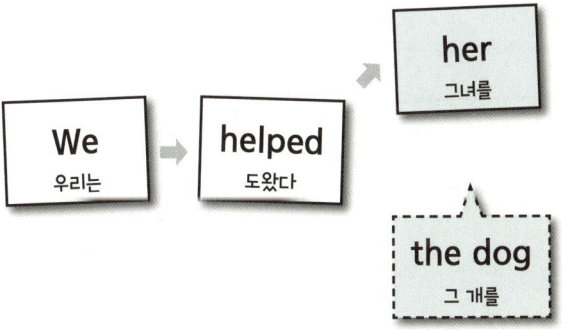

문장의 5형식 10

『[목적어]를 쓸지 [보어]를 쓸지는 동사로 결정되며, [동사] 뒤에 '무엇을/누구를' 또는 '누구에게'를 말해 줘야 할 때, [목적어]를 써요.』

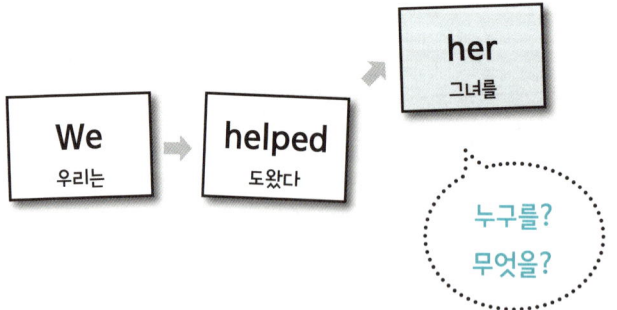

문장의 5형식 11

『[동사] 뒤에 '누구에게'와 '무엇을'이라는 [목적어]가 2개 있다면 4형식 문장이에요.』

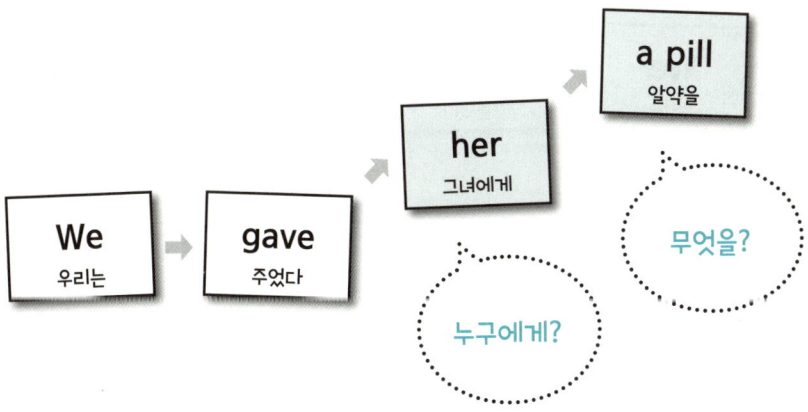

- '누구에게'에 해당하는 말을 간접 목적어라고 하고, '무엇을'은 직접 목적어라고 해요.

문장의 5형식 12

『 [목적어] 뒤에 [목적어]를 보충 설명하는 [보어]가 있으면 5형식 문장이에요. 』

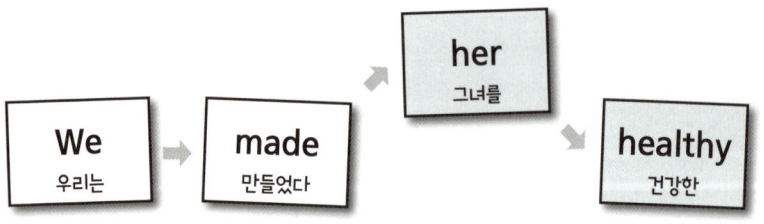

- 목적어를 보충 설명하는 보어를 <u>목적격 보어</u>라고 해요.
- be동사 뒤에 쓰인 보어는 주어를 보충 설명하는 <u>주격 보어</u>예요.

문장의 5형식 13

『 [목적어]를 보충 설명하는 [목적격 보어] 자리에도 <u>형용사나 명사의 역할을 하는 말들을 써요.</u> 』

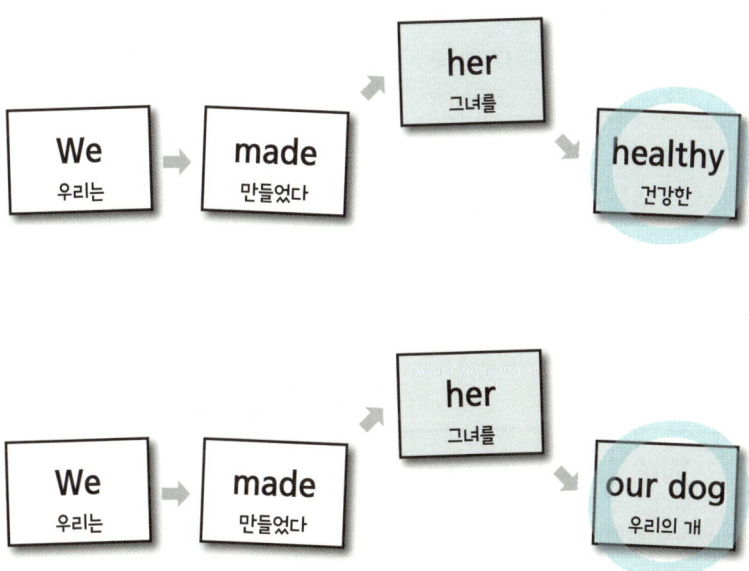

- 5형식 동사의 해석은 문맥에 맞게 '그녀를 건강하게 만들었다.', '그녀를 우리 개<u>로 만들었다</u>.'와 같이 해요.

문장의 5형식 14

『 [목적어]와 [목적격 보어]의 관계가
[목적어] = [보어]인지 확인하세요. 』

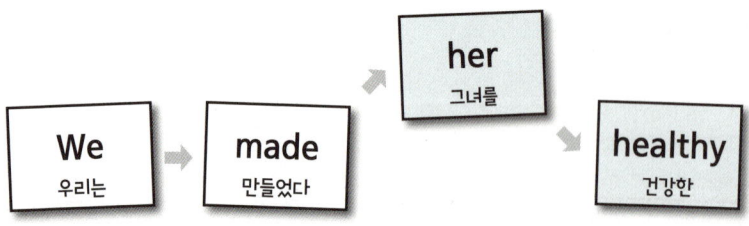

her = healthy (O) 또는 She is healthy. (O)

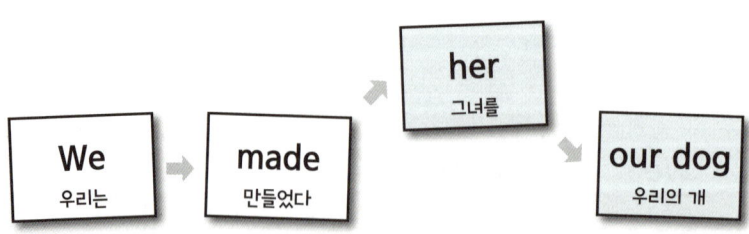

her = our dog (O) 또는 She is our dog. (O)

문장의 5형식 15

『 [목적어] 뒤의 말이 명사이고,
[목적어] = [보어]의 관계가 아니라면, 4형식 문장이에요. 』

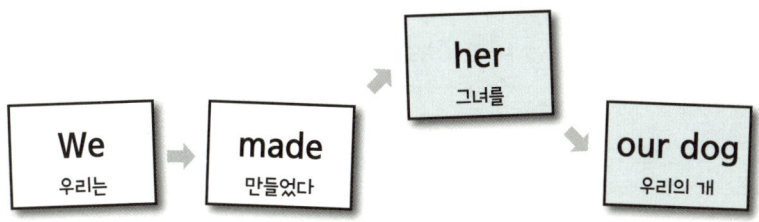

her = our dog (O) 또는 She is our dog. (O)   <5형식>

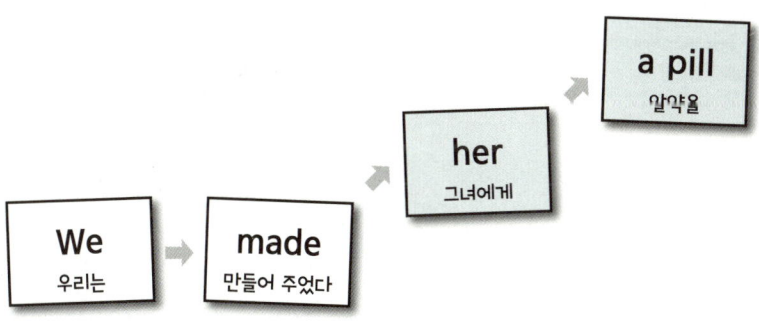

her = a pill (X) 또는 She is a pill. (X)   <4형식>

- 목적어 뒤에 어떤 말이 오는가에 따라 동사의 해석이 달라지므로
4형식과 5형식을 구분하는 것이 중요해요.

확인 문제 1

★ 다음 문장이 몇 형식의 문장인지 맞혀 보세요.

나는 지금 매우 바쁘다.

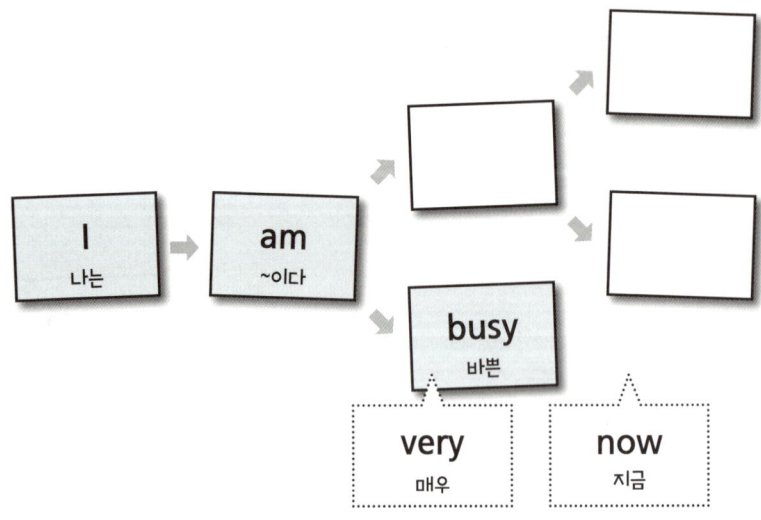

- be동사(am, are, is) 뒤에는 보어를 써야 하며, very, now는 부사로 문장의 형식에 영향을 주지 않아요.

ANSWER 2형식

확인 문제 2

★ 다음 문장이 몇 형식의 문장인지 맞혀 보세요.

나는 매일 1시간 동안 중국어를 공부한다.

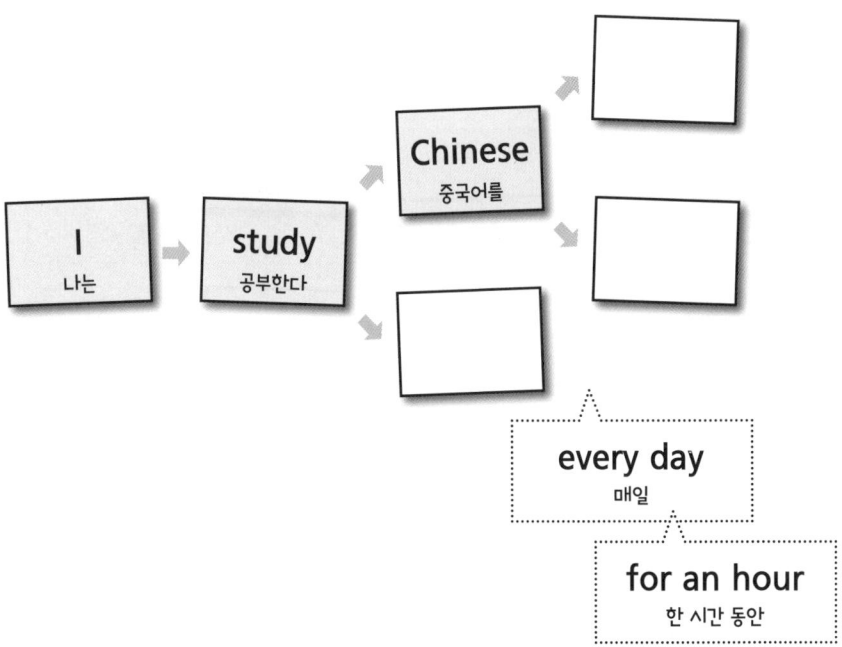

■ '공부한다' 뒤에 '무엇을'에 해당하는 대답을 해요.

ANSWER 3형식

확인 문제 3

★ 다음 문장이 몇 형식의 문장인지 맞혀 보세요.

나는 수진이에게 나의 차를 빌려줬다.

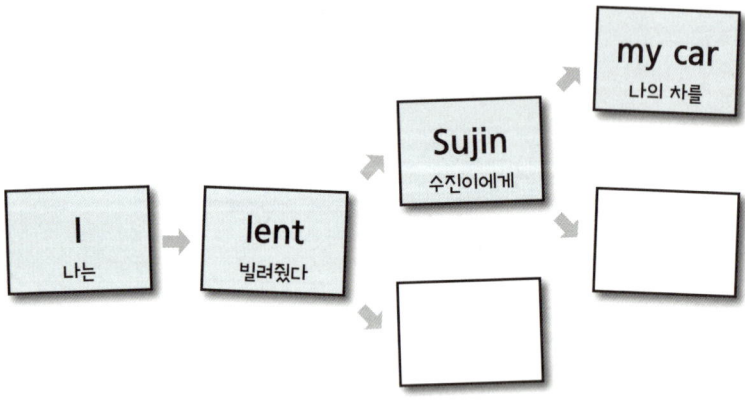

■ '빌려줬다' 뒤에 '누구에게', '무엇을'이라는 목적어가 2개 있어요.

ANSWER 4형식

확인 문제 4

⭐ 다음 문장이 몇 형식의 문장인지 맞혀 보세요.

나는 수진이를 행복하게 만들었다.

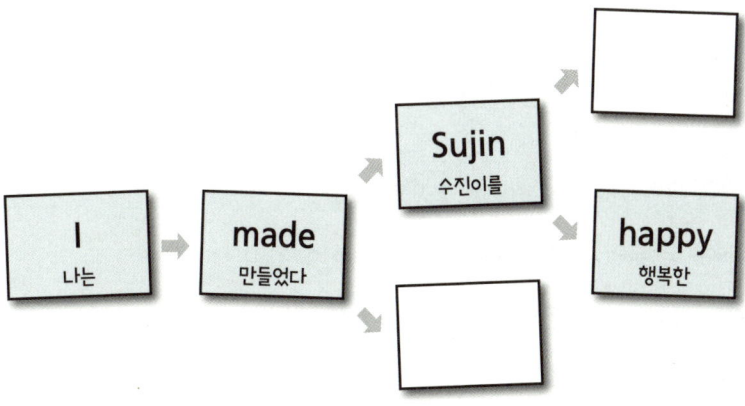

- [목적어 = 그 뒤의 말]의 관계라면 그 뒤의 말은 [목적격 보어]예요.

ANSWER 5형식

내용 요약 문장의 5형식

❶ 문장의 기본 4가지 성분은 　주어　 , 　동사　 , 　목적어　 , 　보어　 예요.

❷ 이 4가지를 　나열하는 방법에 따라　 문장을 5형식으로 구분할 수 있어요.

❸ 1형식은 　주어　 + 　동사　 로만 이루어진 문장이에요.

❹ 2형식은 [주어 + 동사] 뒤에 　보어　 가 있는 문장이에요.
보어 자리에 쓸 수 있는 말은 명사 또는 형용사 역할을 하는 말들이에요.

❺ 3형식은 [주어 + 동사] 뒤에 　목적어　 가 있는 문장이에요.
주어와 목적어 자리에는 명사 역할을 하는 말만 쓸 수 있어요.

❻ 동사 뒤에 보어를 쓸지, 목적어로 쓸지는 　동사　 에 따라 달라져요.
동사 뒤에 　'무엇을'　 에 해당하는 말이 필요하다면,
목적어가 있는 　3형식 문장　 이에요.

❼ 4형식은 [주어 + 동사] 뒤에 　'누구에게'　 , 　'무엇을'　 이라는
목적어가 　2　 개 있는 문장이에요.

❽ 5형식은 [주어 + 동사] 뒤에 　목적어　 와 　목적격 보어　 가 있는 문장이에요.
목적격 보어는 명사나 형용사 역할을 하는 말들이에요.
5형식은 　목적어 = 목적격 보어　 의 관계를 가져요.

내용 확인 〈문장의 5형식〉에서 배운 중요 내용을 빈칸을 채우며 확인하세요.

❶ 문장의 기본 4가지 성분은 _____, _____, _____, _____ 예요.

❷ 이 4가지를 _____ 문장을 5형식으로 구분할 수 있어요.

❸ 1형식은 _____ + _____ 로만 이루어진 문장이에요.

❹ 2형식은 [주어 + 동사] 뒤에 _____ 가 있는 문장이에요.
보어 자리에 쓸 수 있는 말은 명사 또는 형용사 역할을 하는 말들이에요.

❺ 3형식은 [주어 + 동사] 뒤에 _____ 가 있는 문장이에요.
주어와 목적어 자리에는 명사 역할을 하는 말만 쓸 수 있어요.

❻ 동사 뒤에 보어를 쓸지, 목적어로 쓸지는 _____ 에 따라 달라져요.
동사 뒤에 _____ 에 해당하는 말이 필요하다면,
목적어가 있는 _____ 이에요.

❼ 4형식은 [주어 + 동사] 뒤에 _____ , _____ 이라는
목적어가 _____ 개 있는 문장이에요.

❽ 5형식은 [주어 + 동사] 뒤에 _____ 와 _____ 가 있는 문장이에요.
목적격 보어는 명사나 형용사 역할을 하는 말들이에요.
5형식은 _____ 의 관계를 가져요.

CHAPTER 01
주어 I

주어 자리에 쓸 수 있는 명사 역할을 하는 말들을 배워 봐요.

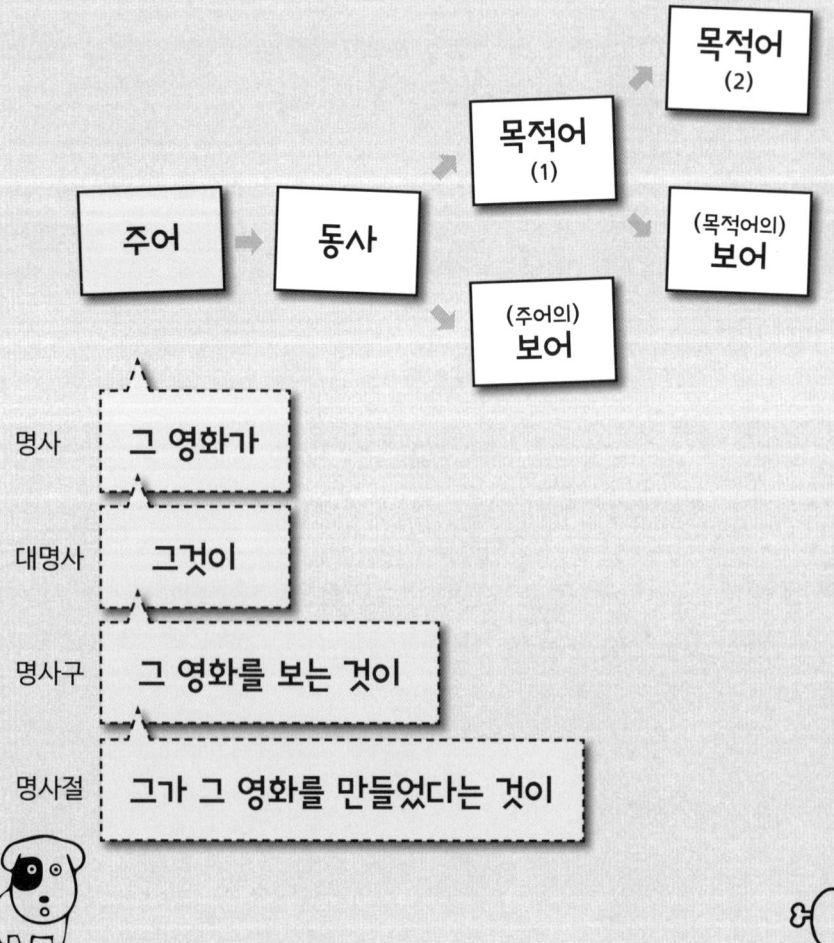

주어 1   1

『 주어 자리에는 명사만 쓸 수 있어요. 』

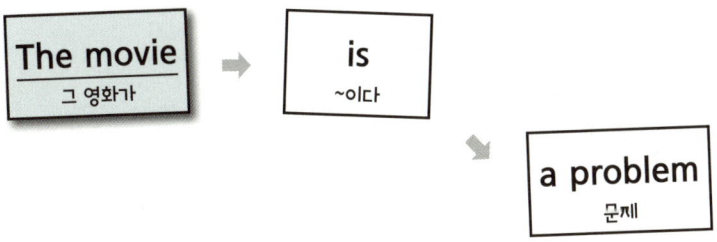

- 사실, [관사 + 명사]는 하나 이상의 단어들이 모여 하나의 의미 덩어리를 이루니까 명사구라고 해야 해요. 하지만, 뒤에 나올 동명사나 to부정사의 명사구와 구분하기 위해서 여기서는 그냥 명사라고 부르도록 해요.

주어 1 2

『 주어인 명사는 <u>형용사</u>의 수식을 받아 길어지기도 하죠. 』

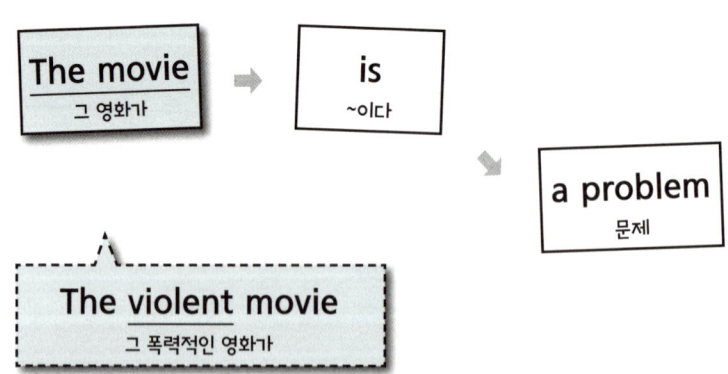

- 형용사는 부사의 수식을 받아 더 길어질 수도 있어요.
  → The <u>very</u> violent movie (그 매우 폭력적인 영화는)

주어 1   3

『 주어 자리에 명사를 대신하여 대명사를 쓸 수 있어요. 』

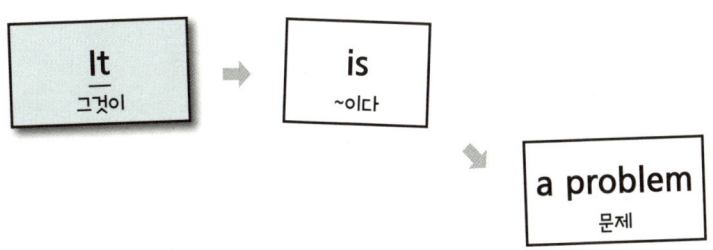

- I(나), we(우리), you(너, 너희들), he(그), she(그녀), it(그것), they(그들, 그것들), this(이것), that(저것), these(이것들), those(저것들)와 같은 것들이 대명사예요.

주어 1   4

『그럼, '보는 것이 문제이다'처럼, 주어 자리에 동사를 쓰고 싶을 때는 '보다'라는 동사를 넣으면 될까요?』

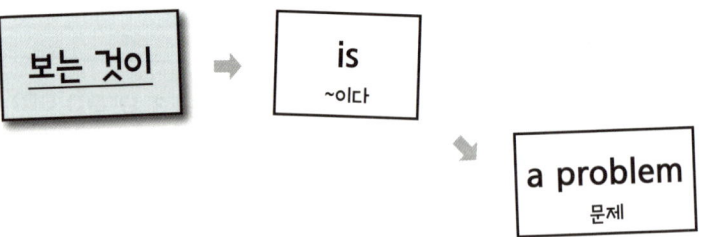

주어 1 5

『 주어 자리에는 명사만 쓸 수 있어서,
동사를 그대로 못 쓰고, 동사를 명사로 만들어야 해요. 』

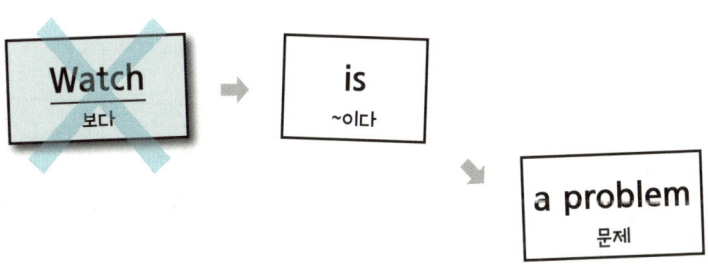

- 영화, TV 등을 '보다'라고 할 때는 동사 watch를 써요.

주어 1 6

『 동사 앞에 to를 붙이거나, 동사 뒤에 -ing를 붙이면,
'보는 것'이라는 명사구가 돼요. 』

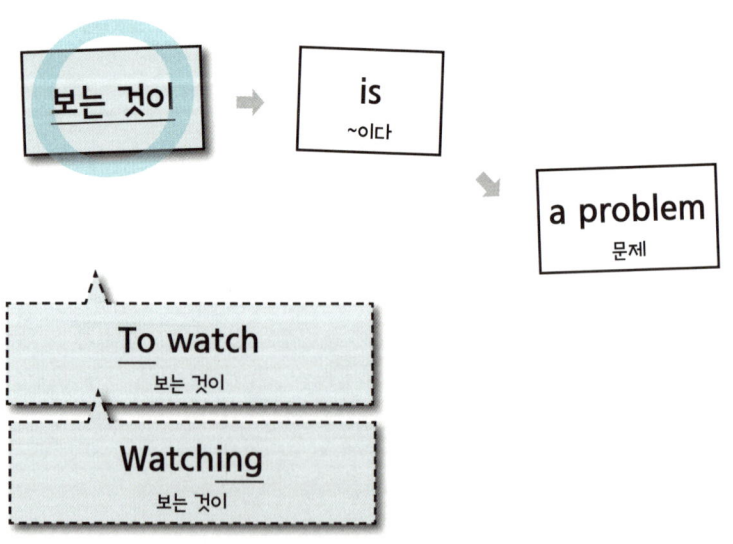

- [to + 동사 원형]은 to부정사라고 하고, [동사-ing]는 동명사라고 해요.
- to부정사나 동명사 주어는 단수 취급하므로, be동사는 3인칭 단수형 is를 써요.

주어 1   7

『 동사로 만든 명사구(to부정사, 동명사) 뒤에는 원래 동사의 목적어, 부사, 전치사구 등을 쓸 수 있어요. 』

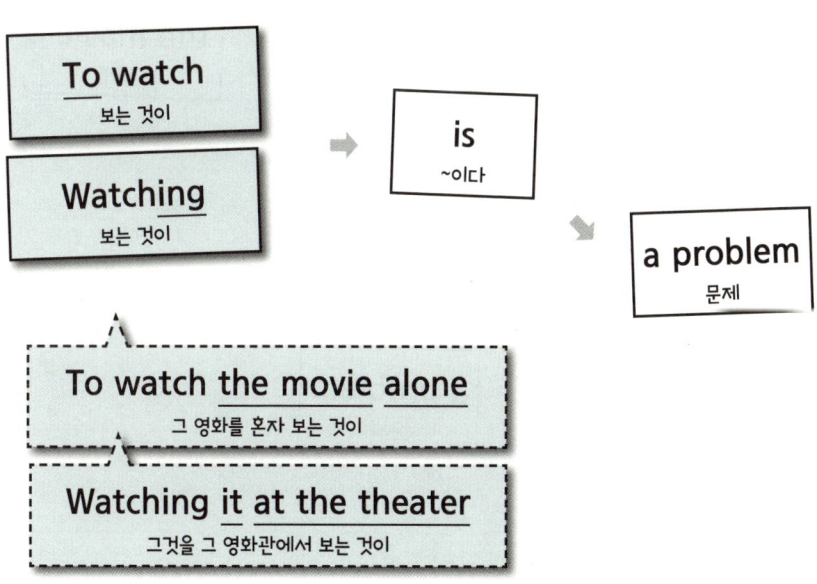

- '보다'의 목적어인 the movie(그 영화)와 부사인 alone(혼자)이 붙었어요.
- '보다'의 목적어인 it(그것)과 전치사구인 at the theater(그 영화관에서)가 붙었어요.

주어 1 8

『이제, 문장 전체를 주어로 쓰는 방법을 알아볼까요?
'그가 그 영화를 만들었다라는 것이 문제이다'와 같이 말이죠.』

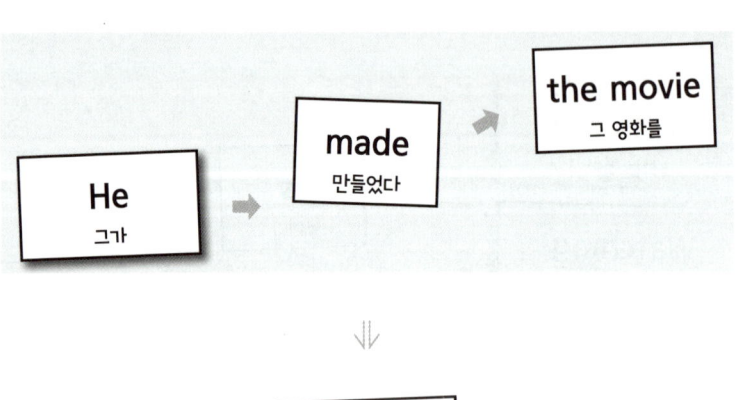

주어 1 9

『 동사를 그대로 주어 자리에 쓰지 못하듯이,
문장을 그대로 주어 자리에 쓸 수 없어요. 』

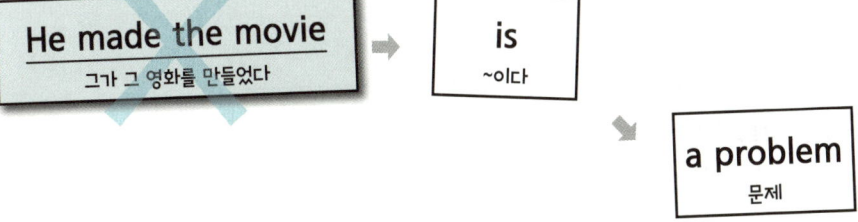

- 주어와 동사를 가진 것을 절(clause)이라고 해요.
문장은 하나의 절로도 될 수 있고, 두 개 이상의 절이 모여 하나의 문장이 될 수도 있어요.

주어 1   10

『 문장 앞에 that을 쓰면, '~가 ...한다[했다]는 것'이라는 명사가 되고, 이제 주어 자리에 쓸 수 있어요. 』

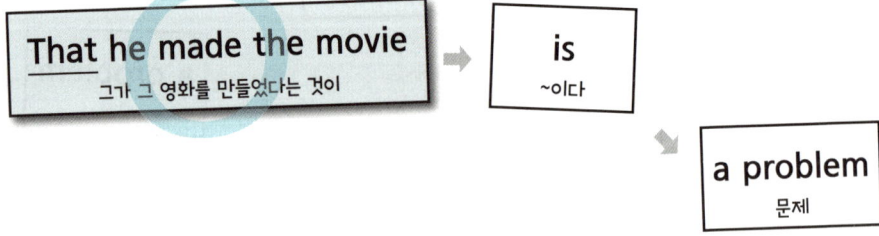

- 하나의 절이 문장 안에서 명사의 역할을 하면 명사절이라고 불러요.
- 여기에 쓰인 that은 하나의 절을 문장 속으로 접속시키기 위해 쓰인 접속사예요.

주어 1 11

『 문장을 하나의 명사 덩어리(명사절)로 묶는 접속사 that 대신, whether를 쓰면, '~가 …하는지 (아닌지)'라는 의미예요. 』

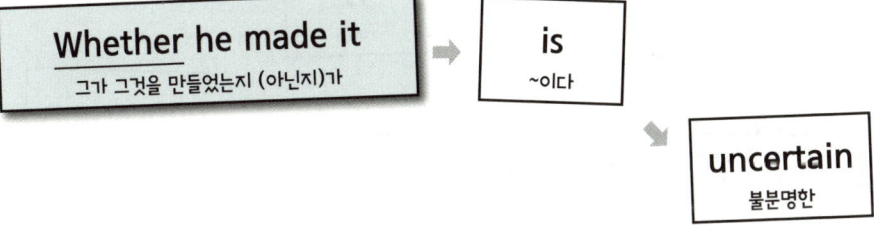

- '~인지 아닌지'라는 의미를 가진 접속사 whether가 이끄는 문장 뒤에는 or not(아닌지)을 넣을 수도 있어요. → Whether he made it (or not)

주어 1   12

『 접속사 that, whether 이외에,
what, why, when과 같은 의문사를 넣으면
'뭘 하는지', '왜 하는지', '언제 하는지'와 같은 명사가 돼요. 』

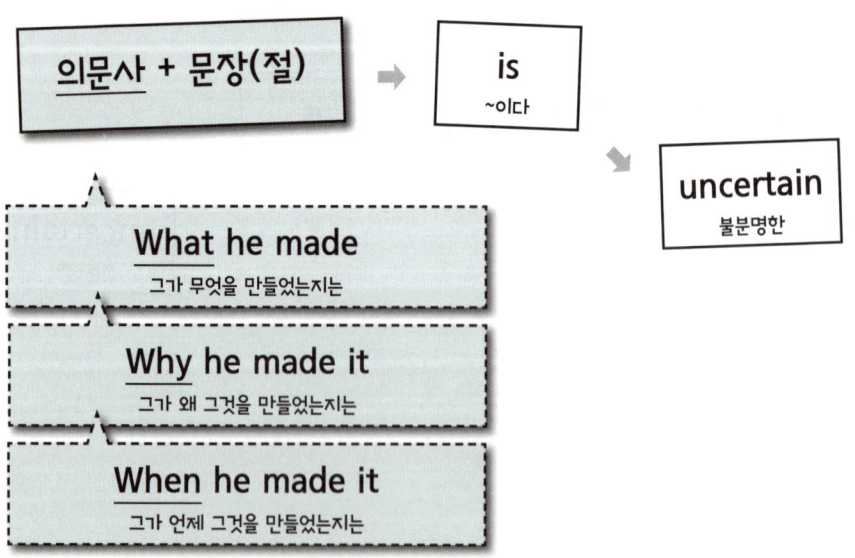

- [의문사 + 문장]을 의문사절이라고 하며, 의문사절은 하나의 명사처럼 사용할 수 있어요.
- that절, whether절, 의문사절은 단수 취급하므로, be동사는 3인칭 단수형 is를 써요.

확인 문제 1

★ 밑줄 친 부분을 주어 자리에 알맞은 형태로 넣어 보세요.

그의 어리석은 거짓말은 문제를 일으켰다.
(lie: 거짓말, his: 그의, silly: 어리석은)

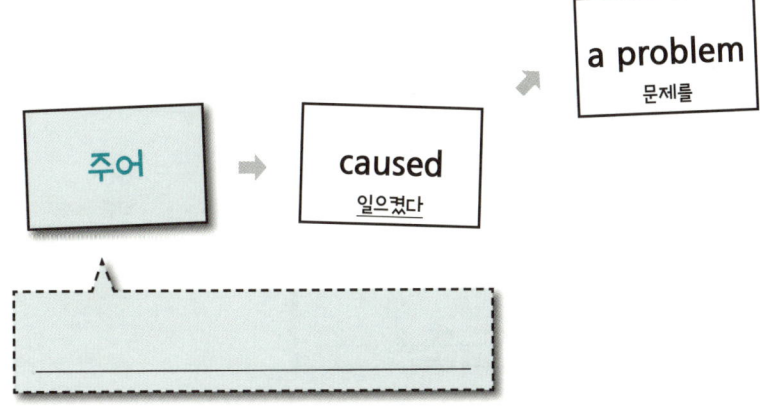

- 그의 거짓말은 his lie라고 하고, 명사인 lie를 꾸미는 형용사 silly는 명사 바로 앞에 써요.

ANSWER His silly lie

확인 문제 2

★ 밑줄 친 부분을 주어 자리에 알맞은 형태로 넣어 보세요.

<u>거짓을 말하는 것은</u> 나쁘다.
(tell a lie: 거짓을 말하다, 거짓말하다)

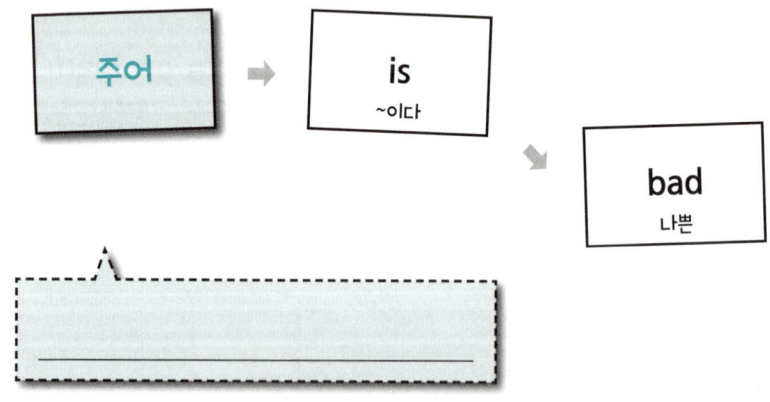

- 동사(tell) 자체를 주어 자리에 쓸 수 없으므로, to부정사나 동명사로 만들어서 주어 자리에 써야 해요.

ANSWER To tell a lie / Telling a lie

확인 문제 3

★ 밑줄 친 부분을 주어 자리에 알맞은 형태로 넣어 보세요.

그가 거짓을 말했다는 것은 확실하다.
(he told a lie: 그는 거짓을 말했다)

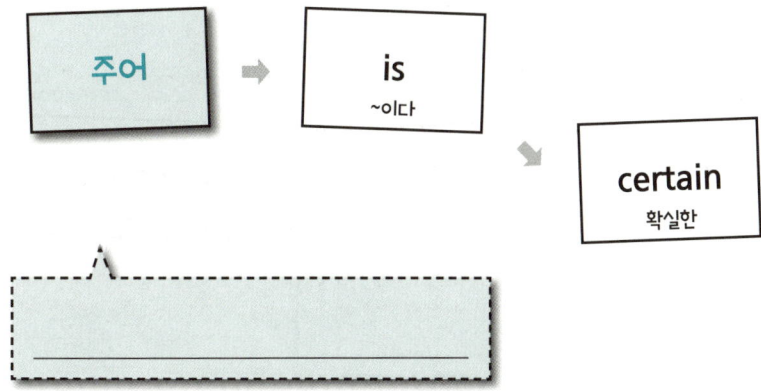

- 문장 전체를 하나의 명사처럼 사용하기 위해서는 문장 앞에 접속사 that을 붙여요.

ANSWER That he told a lie

확인 문제 4

★ 밑줄 친 부분을 주어 자리에 알맞은 형태로 넣어 보세요.

그가 왜 거짓을 말했는지는 불확실하다.
(he told a lie: 그는 거짓을 말했다, why: 왜)

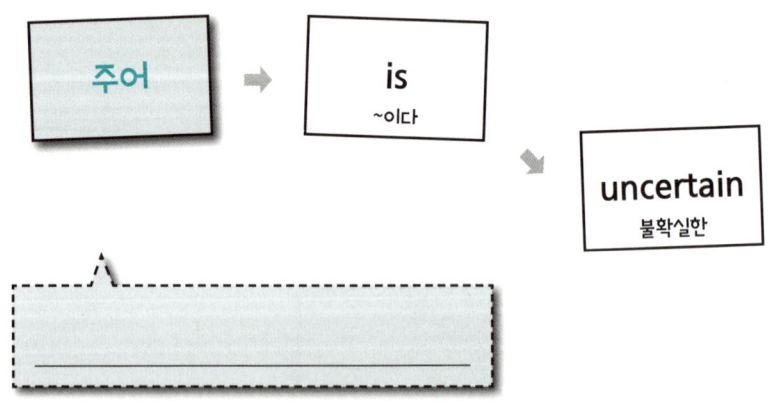

- [의문사 + 문장]을 의문사절이라고 하고, 의문사절은 하나의 명사 역할을 할 수 있어요.

ANSWER Why he told a lie

내용 요약 주어 1 (주어 자리에 쓰는 말)

❶ 주어 자리에 쓸 수 있는 말은 **명사** 예요.

❷ 명사는 그 앞에 **관사**, **형용사** 와 같은 꾸며 주는 말이 붙을 수 있어요.

❸ 동사를 명사처럼 주어 자리에 쓰고 싶을 때는, 동사 앞에 **to** 를 붙여서 **to부정사** 로 만들거나, 동사 뒤에 **-ing** 를 붙여서 **동명사** 로 만들어요.

❹ to부정사나 동명사 뒤에 **목적어**, **부사**, **전치사구** 등을 쓸 수 있어요.

❺ 문장 전체를 하나의 명사로서 주어 자리에 쓰고 싶을 때는
문장 앞에 접속사 **that** 을 붙여서, '~가 …하는 것'이라는 명사절로 만들어요.

❻ 접속사 **whether** 를 문장 앞에 붙이면,
'~가 …하는지 (아닌지)' 라는 명사절이 돼요.

❼ 문장 앞에 **의문사** 를 붙이면 의문사절이 되고, 의문사절은 하나의 명사로서 주어 자리에 쓸 수 있어요.

❽ 각각의 접속사와 의미를 정리해서 기억해 두세요.

형태	의미
that + 문장	'~가 …이라는 것', '~가 …한다는 것'
whether + 문장	'~가 …인지 아닌지', '~가 …하는지 아닌지'
의문사 + 문장	'무엇이 ~인지', '뭘 ~하는지', '왜 ~하는지', '어디서 ~하는지'

내용 확인
이 Chapter에서 배운 중요 내용을 빈칸을 채우며 확인하세요.

❶ 주어 자리에 쓸 수 있는 말은 _____ 예요.

❷ 명사는 그 앞에 _____ , _____ 와 같은 꾸며 주는 말이 붙을 수 있어요.

❸ 동사를 명사처럼 주어 자리에 쓰고 싶을 때는, 동사 앞에 _____ 를 붙여서 _____ 로 만들거나, 동사 뒤에 _____ 를 붙여서 _____ 로 만들어요.

❹ to부정사나 동명사 뒤에 _____ , _____ , _____ 등을 쓸 수 있어요.

❺ 문장 전체를 하나의 명사로서 주어 자리에 쓰고 싶을 때는 문장 앞에 접속사 _____ 을 붙여서, '~가 ...하는 것'이라는 명사절로 만들어요.

❻ 접속사 _____ 를 문장 앞에 붙이면, _____ 라는 명사절이 돼요.

❼ 문장 앞에 _____ 를 붙이면 의문사절이 되고, 의문사절은 하나의 명사로서 주어 자리에 쓸 수 있어요.

❽ 각각의 접속사와 의미를 정리해서 기억해 두세요.

형태	의미
_____ + 문장	'~가 ...이라는 것', '~가 ...한다는 것'
_____ + 문장	'~가 ...인지 아닌지', '~가 ...하는지 아닌지'
_____ + 문장	'무엇이 ~인지', '뭘 ~하는지', '왜 ~하는지', '어디서 ~하는지'

CHAPTER 02
주어 2

to부정사, 동명사, 명사절 주어를 뒤로 보내는 방법을 배워요.

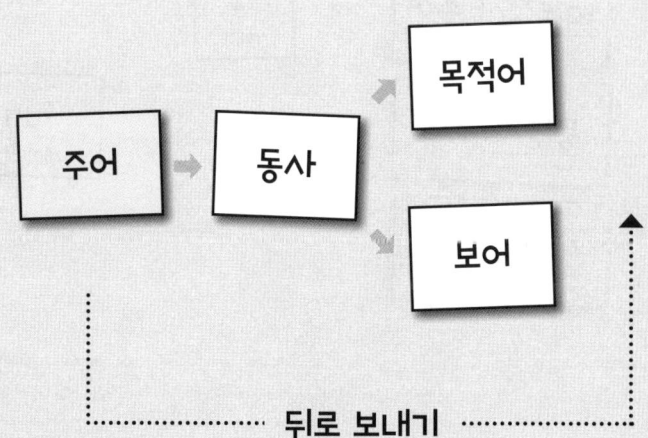

주어 2 · 1

『 to부정사, 동명사, 명사절 주어의 경우,
문장의 끝으로 보낼 수 있어요. 』

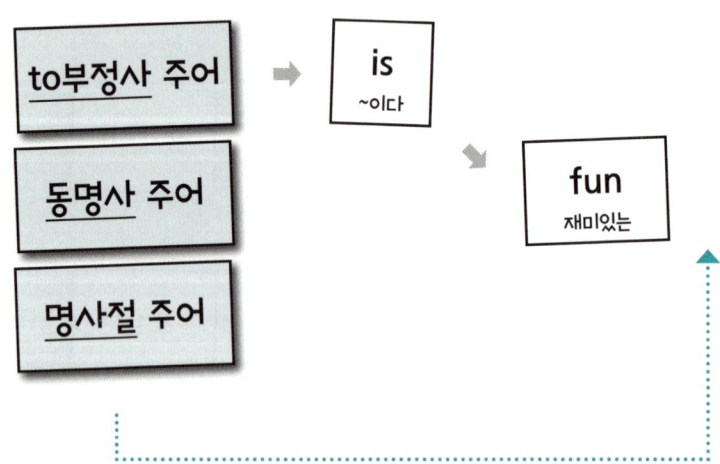

- to부정사, 동명사, 명사절 주어가 길 때, 주로 뒤로 보내요.

주어 2　2

『 그럼, 주어 자리는 비워 둬야 할까요? 』

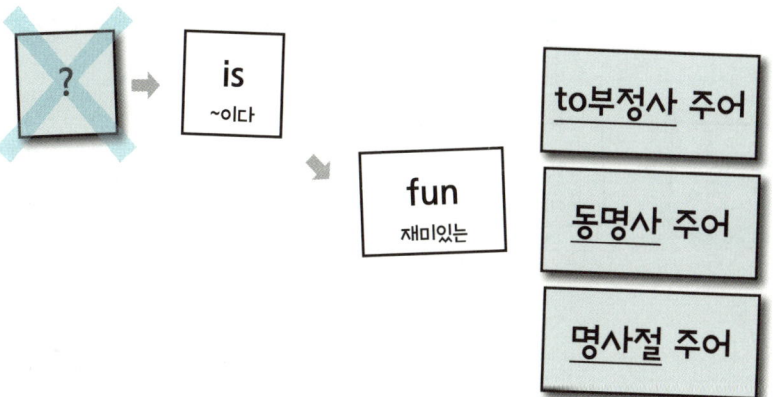

주어 2 3

『 주어 자리를 비우면 안 되니까, 가(짜) 주어 it을 넣어요.
이때, 가주어 it은 해석하지 않아요. 』

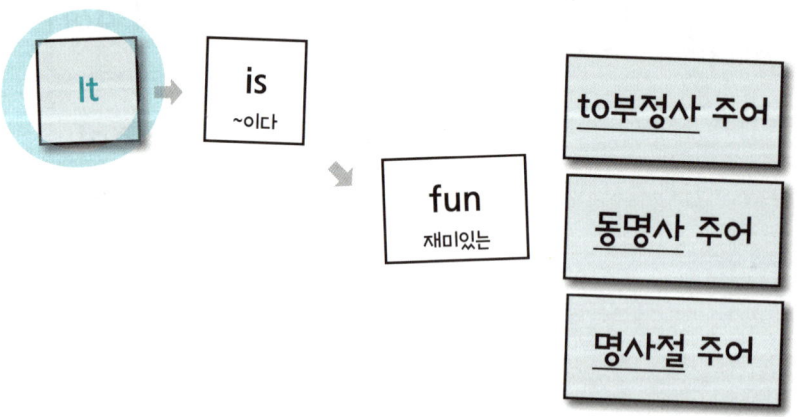

주어 2 4

『 to부정사 주어를 뒤로 옮긴 다음 예문을 볼까요? 』

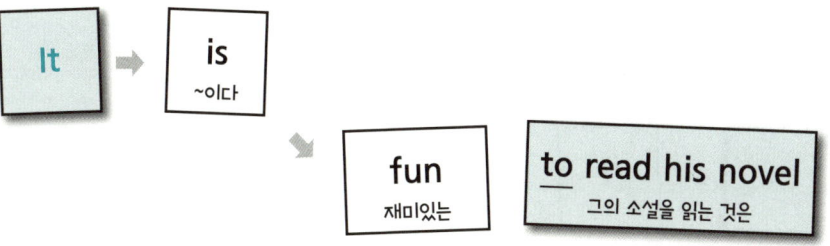

- 뒤로 옮겨진 주어를 진주어(진짜 주어)라고 해요.

주어 2 5

『 <u>동명사 주어를 뒤로 옮긴</u> 문장은 다음과 같아요. 』

- 동명사 주어를 뒤에 쓰는 것은 매우 제한적인 경우이고, 보통은 to부정사로 바꾸어 써요.
- 동명사 주어를 뒤에 쓰는 경우 예시: It is no use -ing (~해도 소용없다), It is worth -ing (~할 가치가 있다), It is fun -ing (~하는 것은 재미있다), It is nice -ing (~하는 것은 좋다)

주어 2   6

『 명사절인 that절을 뒤로 옮긴 예문을 볼까요? 』

주어 2   7

『 명사절인 whether절을 뒤로 옮긴 문장도 읽어 보세요. 』

주어 2 8

『 명사절인 의문사절도 뒤로 옮길 수 있어요. 』

주어 2 9

『 진주어인 to부정사의 경우, 그 행위자가 누군지(누가 보는지)를 말하지 않아도 되는 경우도 있지만, 』

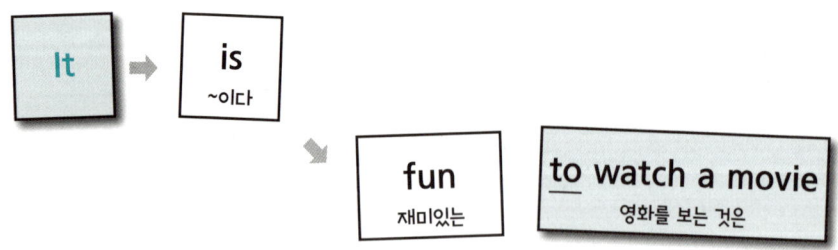

- 문맥상, 모든 사람이나 말하는 화자가 watch라는 행위를 한다는 것이 너무 분명한 경우, watch의 행위자를 굳이 넣지 않아요.

주어 2 10

『 진주어인 to부정사의 그 행위를 누가 하는지(누가 자러 가야 하는지)를 밝히지 않으면 안 되는 경우도 있어요. 』

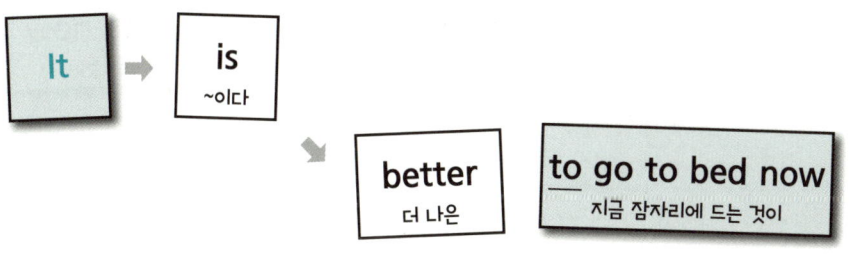

- 바로 앞에 있는 사람에게 말하는 경우가 아니라면, '지금 잠자리에 드는 것이 더 낫다.'라는 문장은 누가 자야 한다는 것인지(그 행위를 하는 사람)를 말해 줘야 하는 경우도 있어요.

『 그래서 to부정사 앞에, 그 행위를 누가 하는지를
[for + 행위자]의 형태로 넣어 줘요. 』

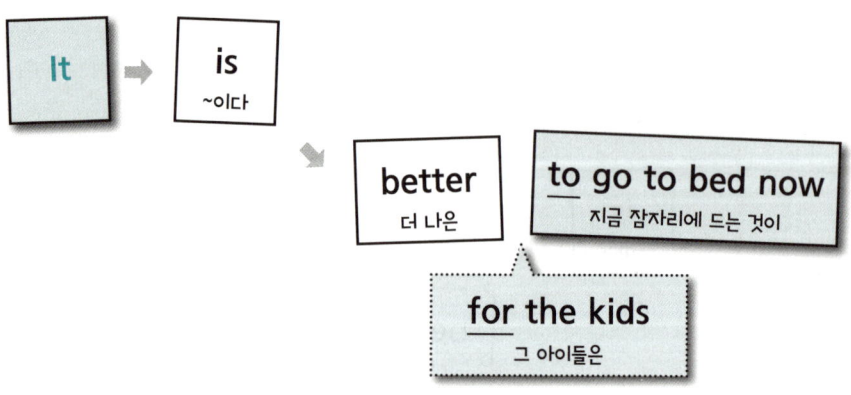

- [for + 행위자]의 행위자를 <u>의미상 주어</u>라고 해요.
- 위의 문장은 <u>가주어</u>, <u>진주어</u>, <u>의미상 주어</u>가 모두 쓰인 문장이에요.

주어 2   12

『 보어가 '칭찬' 또는 '비난'을 나타내는 형용사인 경우,
<u>for</u>가 아닌 [<u>of</u> + 행위자]로 써요. 』

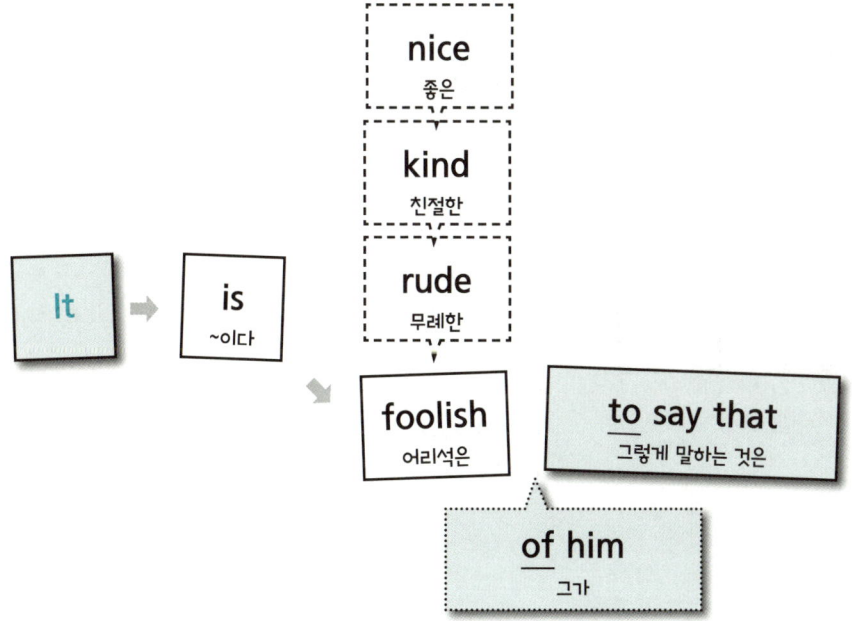

- 의미상 주어를 [of + 행위자]를 쓰는 경우는
<u>보어가 칭찬을 나타내는 형용사</u> nice(좋은), good(좋은), generous(관대한), polite(정중한)이나
<u>보어가 비난을 나타내는 형용사</u> rude(무례한), foolish(어리석은)인 경우예요.

확인 문제 1

★ 밑줄 친 부분을 주어 자리에 알맞은 형태로 넣어 보세요.

<u>따뜻한 차를 마시는 것이</u> 도움이 된다.
(drink: 마시다, warm tea: 따뜻한 차)

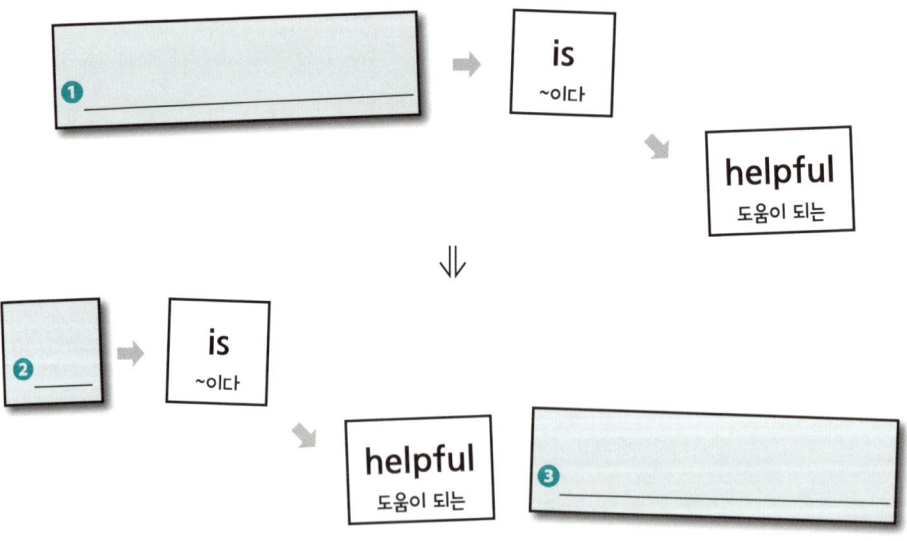

- 동사(drink)를 to부정사(to + 동사 원형)나 동명사(동사-ing)로 바꿔야 주어 자리에 쓸 수 있어요.
- to부정사나 동명사 주어는 뒤로 보낼 수 있으며, 앞의 주어 자리에는 가짜 주어 it을 써요.

ANSWER ❶ To drink warm tea / Drinking warm tea ❷ It ❸ to drink warm tea / drinking warm tea

확인 문제 2

★ 밑줄 친 부분을 주어 자리에 알맞은 형태로 넣어 보세요.

내가 무엇을 봤는지는 분명하다.
(I saw: 내가 봤다, what: 무엇)

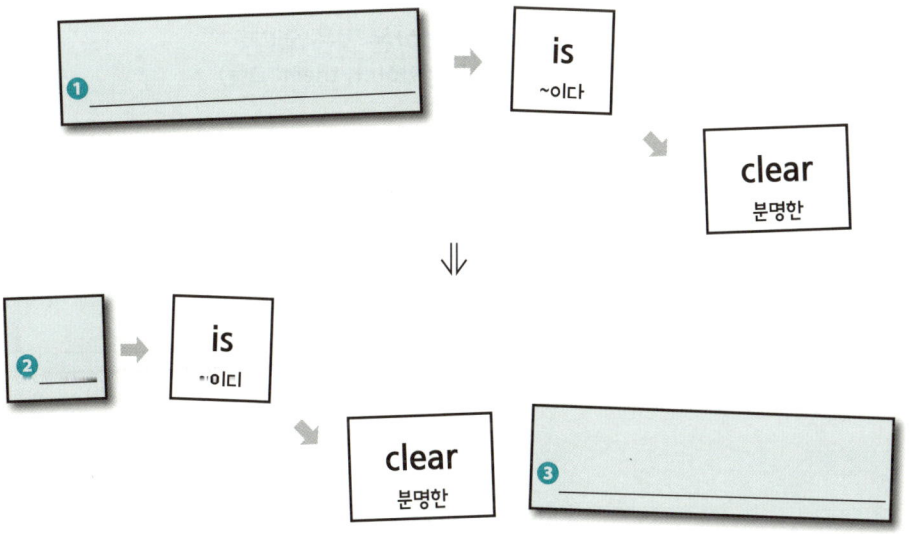

- 의문사절 [의문사 + 문장]은 하나의 명사 역할을 할 수 있어요.
- 명사 역할을 하는 의문사절은 뒤로 보낼 수 있으며, 앞의 주어 자리에는 가짜 주어 it을 써요.

ANSWER ❶ What I saw ❷ It ❸ what I saw

확인 문제 3

★ 밑줄 친 부분을 빈칸에 알맞은 형태로 넣어 보세요.

그들이 에너지를 절약하는 것은 쉽다.
(save energy: 에너지를 절약하다, them: 그들)

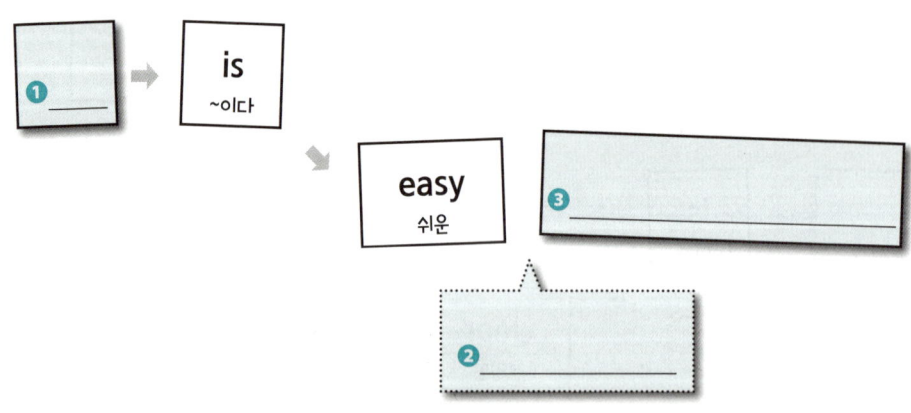

- '에너지를 절약하는 것은 쉽다'라는 문장을 먼저 만드세요.
- 절약하는 행위자가 '그들'이므로 [for + 행위자]의 형태로 의미상 주어를 to부정사 앞에 써요.

ANSWER ① It ② for them ③ to save energy

확인 문제 4

★ 밑줄 친 부분을 빈칸에 알맞은 형태로 넣어 보세요.

<u>그녀가 먼저 물어보는 것이</u> 예의 바르다.
(ask first: 먼저 물어보다, her: 그녀)

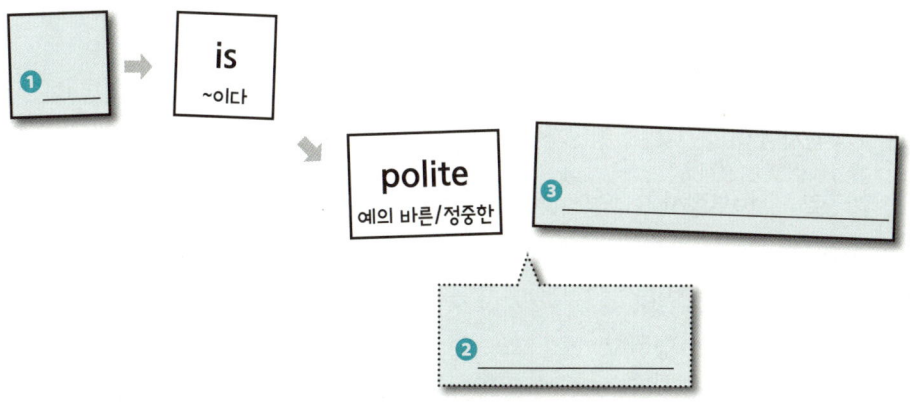

- '먼저 물어보는 것이 예의 바르다'라는 문장을 만들고, 물어보는(ask) 행위자를 to부정사 앞에 넣어요.
- 보어가 '칭찬'이나 '비난'을 나타내는 형용사인 경우 for가 아닌 (of + 행위자)를 써요.

ANSWER ❶ It ❷ of her ❸ to ask first

내용 요약 주어 2 (가주어, 진주어, 의미상 주어)

❶ `to부정사` , `동명사` , `명사절` 주어는 뒤로 보낼 수 있어요.

❷ 맨 앞의 주어 자리는 비워 두지 않고 `가주어 it` 을 쓰고, 이때 it은 해석하지 않아요. 뒤로 자리를 옮긴 주어가 `진주어` 예요.

❸ 다음의 경우를 제외하고 대부분 동명사 주어를 뒤로 보낼 때는 to부정사로 바꾸어 써요.

동명사 주어를 뒤에 쓰는 경우		의미
It is no use	+ 동명사	'~하는 것은 소용없다'
It is worth	+ 동명사	'~할 가치가 있다'
It is nice	+ 동명사	'~하는 것은 좋다'
It is fun	+ 동명사	'~하는 것은 재미있다'

❹ to부정사 주어의 경우, 그 행위자를 밝혀야 할 때가 있어요. 그때는 `for + 행위자` 의 형태로 `to부정사` 앞에 넣어요. 그 행위자를 `의미상 주어` 라고 해요.

❺ 보어로 '칭찬' 또는 '비난'을 나타내는 형용사가 쓰였다면 for가 아닌 `of + 행위자` 로 써요.

형용사 보어	예시	의미상 주어
칭찬의 의미	nice(좋은), good(좋은), generous(관대한), polite(예의 바른), kind(친절한) 등	`of` + 행위자
비난의 의미	rude(무례한), foolish(어리석은), careless(부주의한), stupid(멍청한) 등	

내용 확인
이 Chapter에서 배운 중요 내용을 빈칸을 채우며 확인하세요.

❶ _____, _____, _____ 주어는 뒤로 보낼 수 있어요.

❷ 맨 앞의 주어 자리는 비워 두지 않고 _____ 을 쓰고, 이때 it은 해석하지 않아요. 뒤로 자리를 옮긴 주어가 _____ 예요.

❸ 다음의 경우를 제외하고 대부분 동명사 주어를 뒤로 보낼 때는 to부정사로 바꾸어 써요.

동명사 주어를 뒤에 쓰는 경우	의미
_____ + 동명사	'~하는 것은 소용없다'
_____ + 동명사	'~할 가치가 있다'
_____ + 동명사	'~하는 것은 좋다'
_____ + 동명사	'~하는 것은 재미있다'

❹ to부정사 주어의 경우, 그 행위자를 밝혀야 할 때가 있어요. 그때는 _____ 의 형태로 _____ 앞에 넣어요. 그 행위자를 _____ 라고 해요.

❺ 보어로 '칭찬' 또는 '비난'을 나타내는 형용사가 쓰였다면 for가 아닌 _____ 로 써요.

형용사 보어	예시	의미상 주어
칭찬의 의미	nice(좋은), good(좋은), generous(관대한), polite(예의 바른), kind(친절한) 등	_____ + 행위자
비난의 의미	rude(무례한), foolish(어리석은), careless(부주의한), stupid(멍청한) 등	

CHAPTER 03
목적어 I

목적어 자리에도 주어처럼 명사 역할을 하는 말들만 쓸 수 있어요.

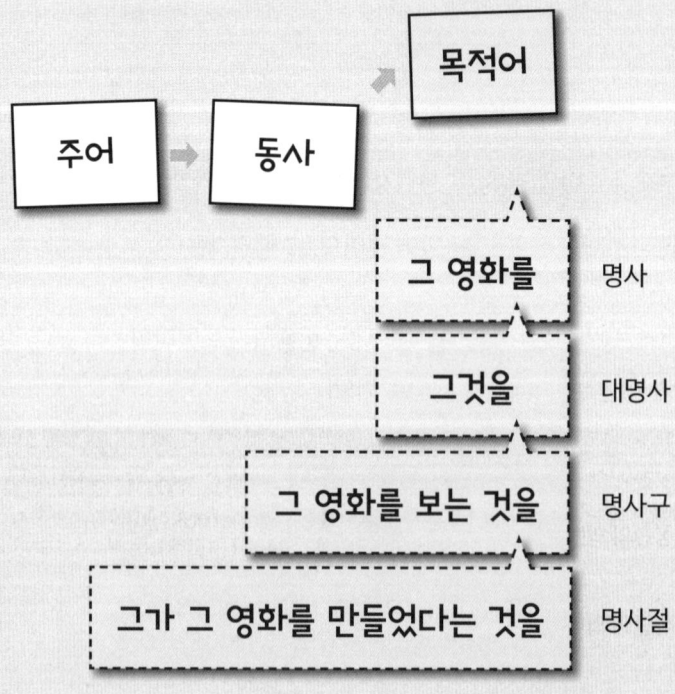

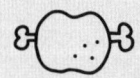

목적어 1   1

『 목적어 자리에는 명사를 쓸 수 있어요. 』

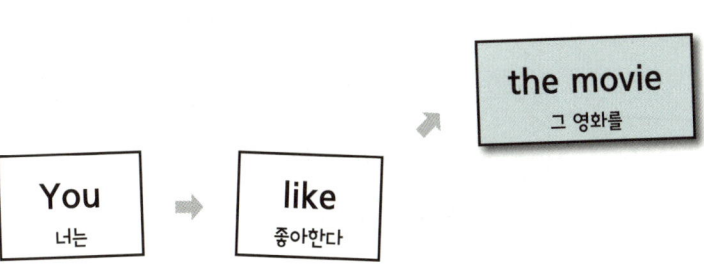

목적어 1   2

『 목적어 자리에 명사를 대신하는 대명사를 쓸 수 있어요. 』

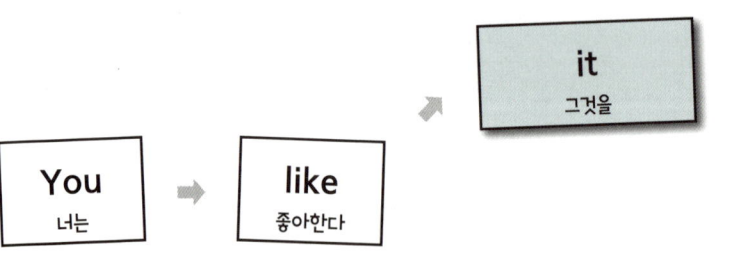

목적어 1 3

『 you와 it을 제외하고, 목적어 자리에 쓰는 대명사는 주어 자리에 쓰는 대명사와 형태가 달라요. 』

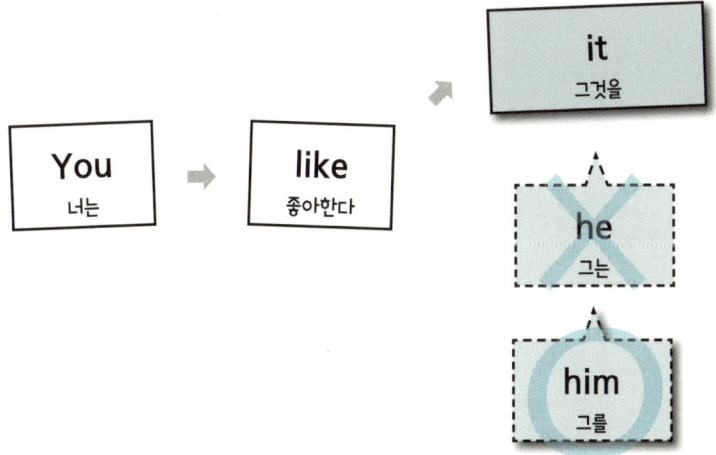

- 주격과 목적격 대명사를 암기하세요.
you-you, it-it, she-her, he-him, they-them, we-us, I-me

목적어 1   4

『 그럼, '나는 나를 좋아해.'라고 하려면 어떻게 해야 할까요?
목적어 자리에 목적격 me를 넣으면 될까요? 』

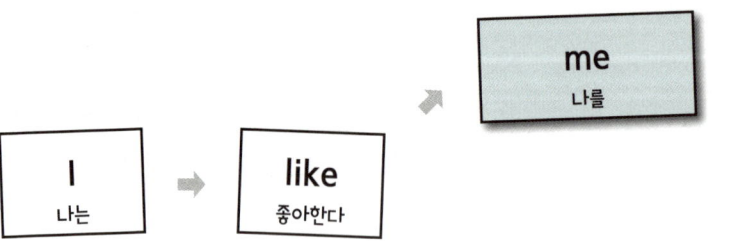

목적어 1 5

『 주어와 목적어가 같은 사람일 때는,
목적격 대명사가 아닌, 재귀 대명사라는 것을 써야 해요. 』

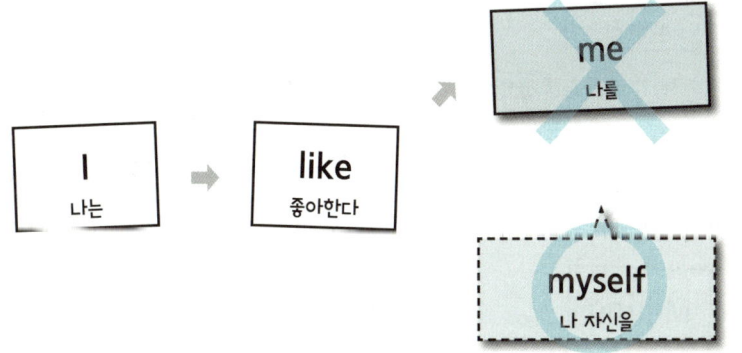

- 재귀 대명사는 다음과 같아요.

I-myself, you(너)-yourself, it-itself, he-himself, she-herself,
we-ourselves, you(너희)-yourselves, they-themselves

목적어 1 6

『 다음 두 예문은, 대명사에 따라 자기 자신에 관한 것인지, 다른 누구에 관한 것인지가 달라지는 것을 보여 주고 있어요. 』

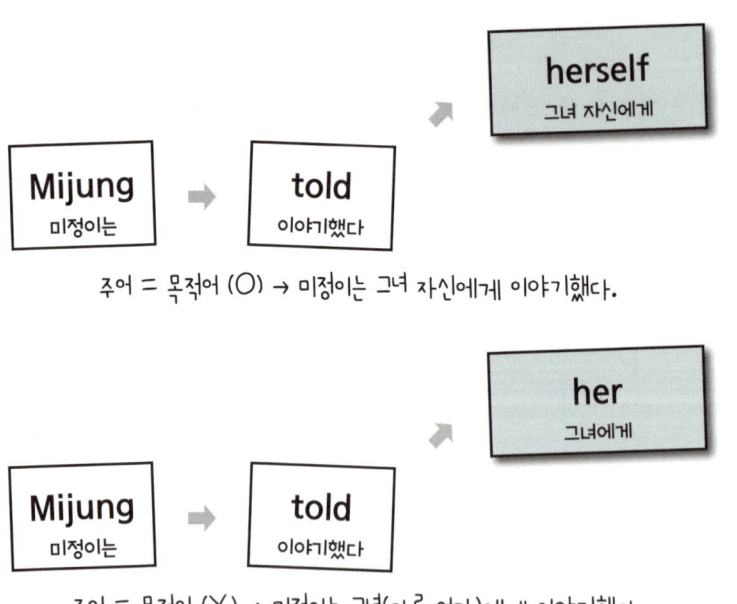

목적어 1

『이제, 동사를 목적어 자리에 쓰는 법을 살펴봐요. 주어와 마찬가지로, to부정사나 동명사로 만들어야겠죠?』

- 주어와 목적어 자리에는 명사 역할을 하는 말만 쓸 수 있어요.

목적어 1   8

『 하지만, 동사에 따라
to부정사만 쓰거나 동명사만 쓰는 경우들이 있어요. 』

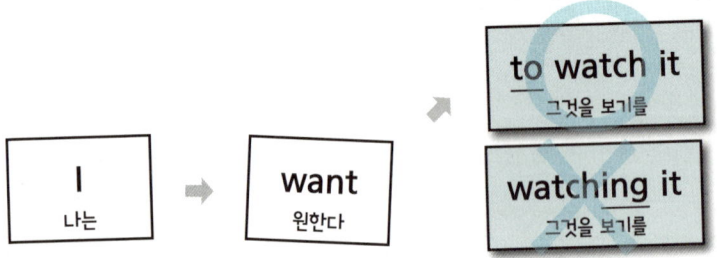

| I | → | want |
| 나는 | | 원한다 |

to watch it
그것을 보기를

watching it
그것을 보기를

목적어 1   9

『 want(원하다)를 비롯한 다음 동사들은 목적어로 to부정사만 쓰기 때문에, 동명사를 쓸 수 없어요. 』

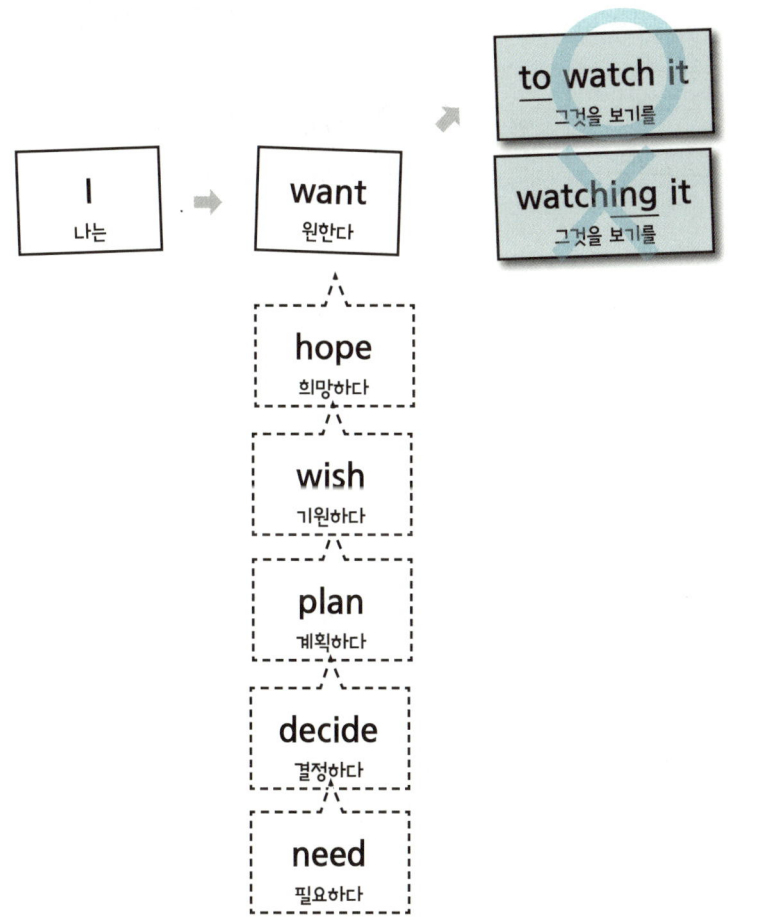

- 그 외에도 choose(선택하다), agree(동의하다), learn(배우다), refuse(거절하다), promise(약속하다) 등이 to부정사만을 목적어로 취하는 동사들이에요.

목적어 1 10

『 반대로, 동명사만을 목적어로 쓸 수 있는 동사들도 있어요. 』

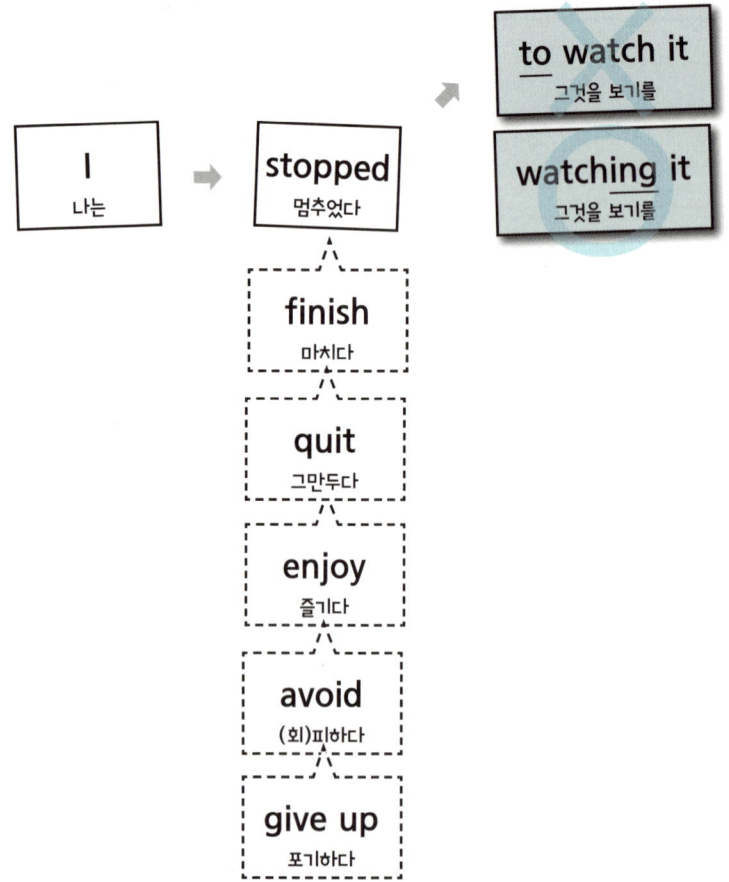

- 그 외에도 put off(미루다), postpone(미루다), mind(상관하다, 신경 쓰다), admit(인정하다), deny(부정하다), consider(고려하다), keep(계속하다) 등은 동명사만을 목적어로 취해요.

목적어 1 　11

『목적어로 to부정사와 동명사를 모두 쓸 수 있고, 의미의 차이도 없는 동사들도 있지만, 』

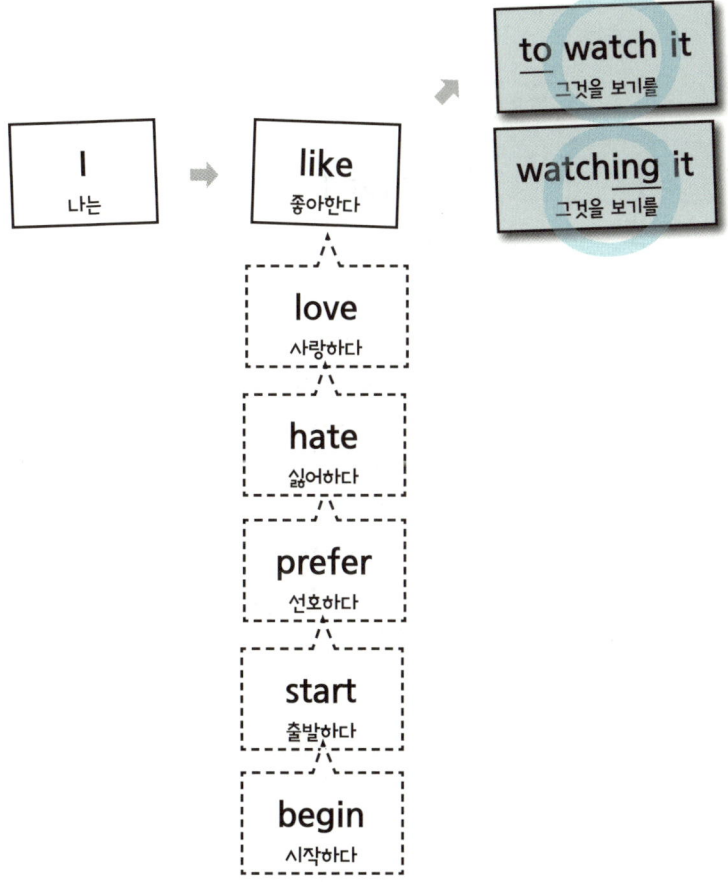

목적어 1 12

『 to부정사를 목적어로 쓸 때의 의미와, 』

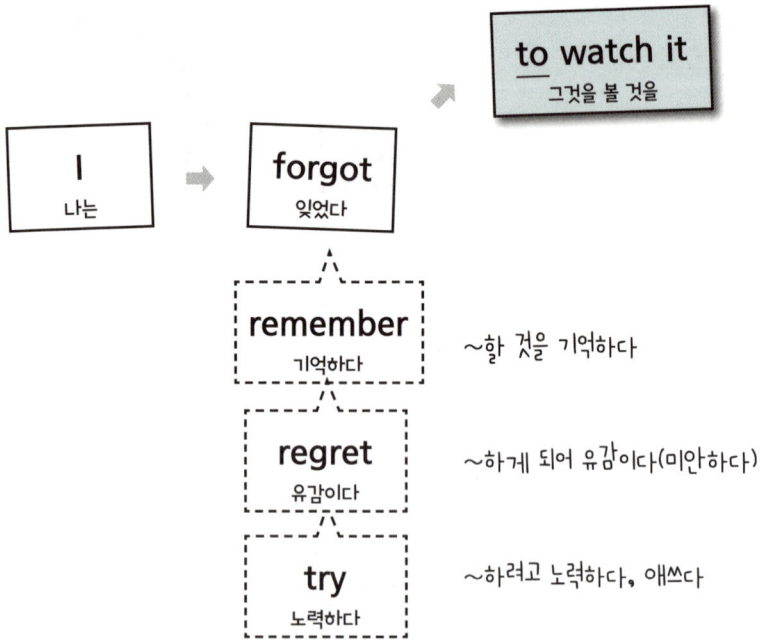

목적어 1   13

『 동명사를 목적어로 쓸 때의 의미가 다른 동사들도 있어요. 』

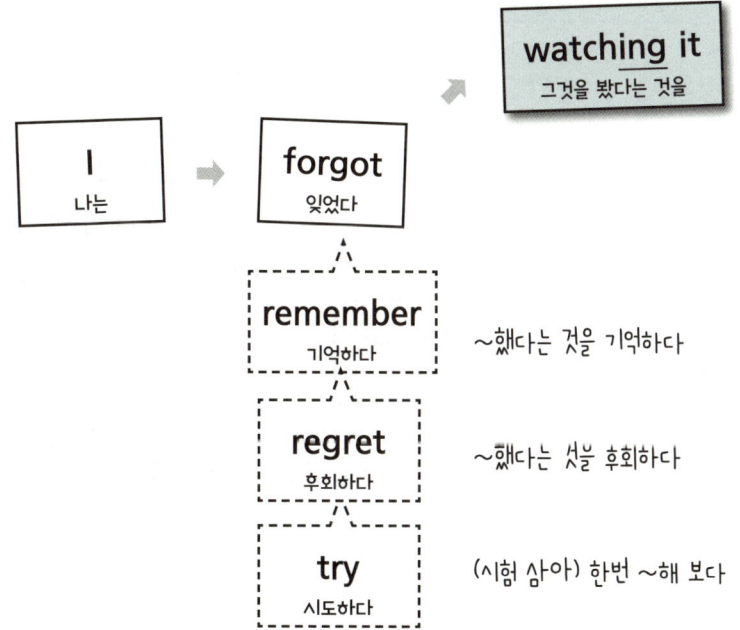

- to부정사는 앞으로의 일을, 동명사는 지나간 일을 주로 나타낸다고 볼 수 있어요.

목적어 1   14

『 주어와 마찬가지로, 목적어 자리에 접속사 that이 이끄는 명사절을 넣을 수 있어요. 』

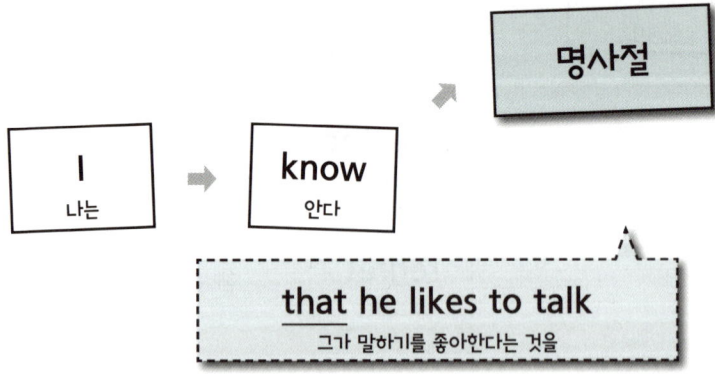

- 참고로, 목적어에 쓰인 that절의 that은 생략하기도 해요.
  I know (that) he likes to talk.

목적어 1   15

『 주어와 마찬가지로, 목적어 자리에
<u>접속사 whether</u>가 이끄는 명사절을 넣을 수 있어요. 』

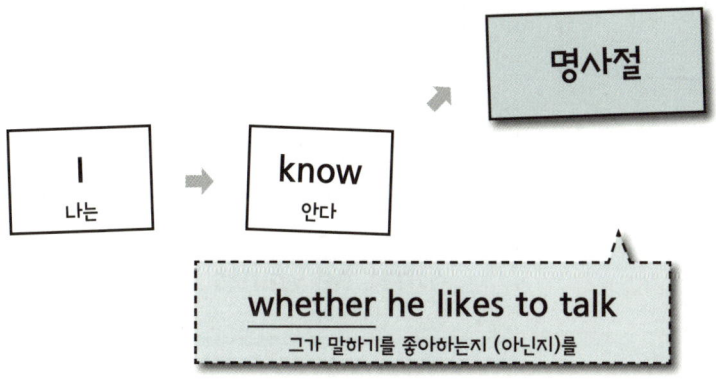

- 목적어로 쓰인 whether절의 whether는 if(~인지 아닌지)로 바꾸어 쓸 수 있어요.
  I know <u>whether[= if]</u> he likes to talk.

목적어 1 16

『 명사 역할을 하는 의문사절도 목적어 자리에 넣어요. 』

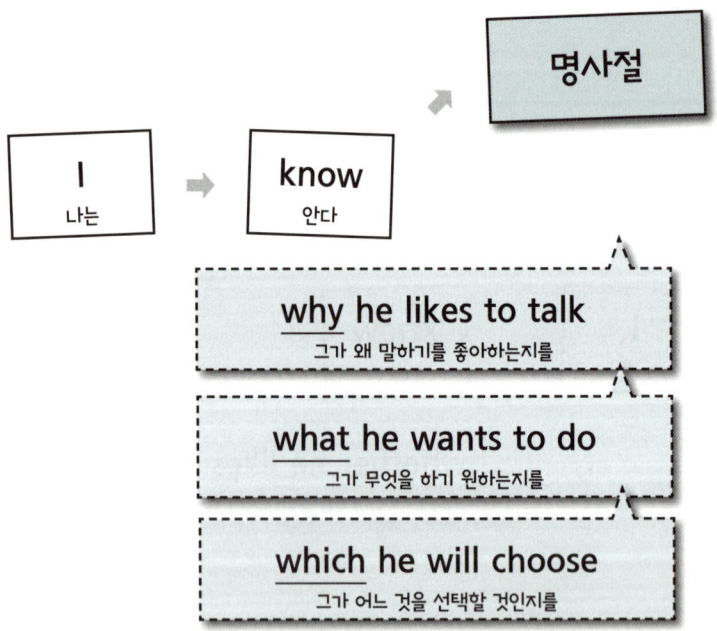

확인 문제 1

★ 밑줄 친 부분을 목적어 자리에 알맞은 형태로 넣어 보세요.

그는 <u>그 자신을</u> 천재라고 부른다.

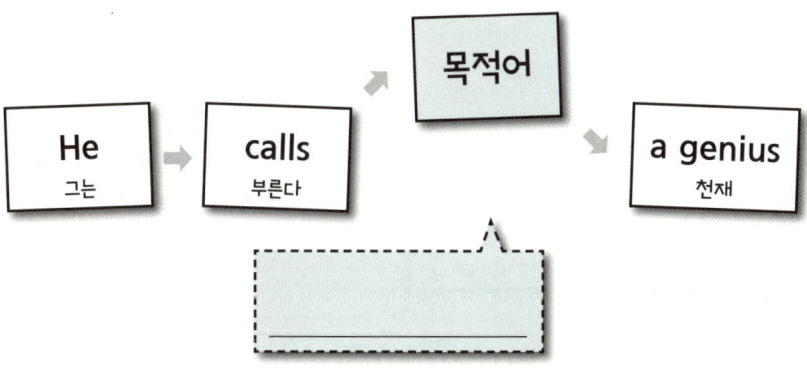

- 목적격 대명사를 써야 할지 재귀 대명사를 써야 할지를 판단하세요. (참고: 목적어 1 ③ ~ ⑥)

ANSWER himself

확인 문제 2

★ 밑줄 친 부분을 목적어 자리에 알맞은 형태로 넣어 보세요.

그녀는 집에 있는 것을 즐긴다.
(stay home: 집에 있다/머물다)

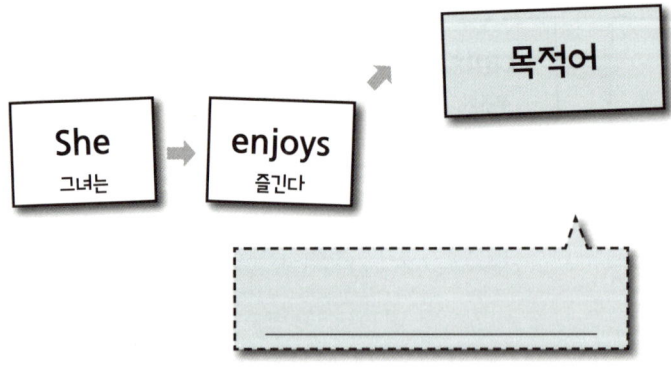

- 동사에 따라 목적어로 to부정사를 쓸지, 동명사를 쓸지를 판단하세요. (참고: 목적어 1 [7] ~ [13])

ANSWER staying home

확인 문제 3

⭐ 밑줄 친 부분을 목적어 자리에 알맞은 형태로 넣어 보세요.

그들은 <u>네가 시험에 통과했다</u>는 것을 알고 있다.
(passed the exam: 시험에 통과했다)

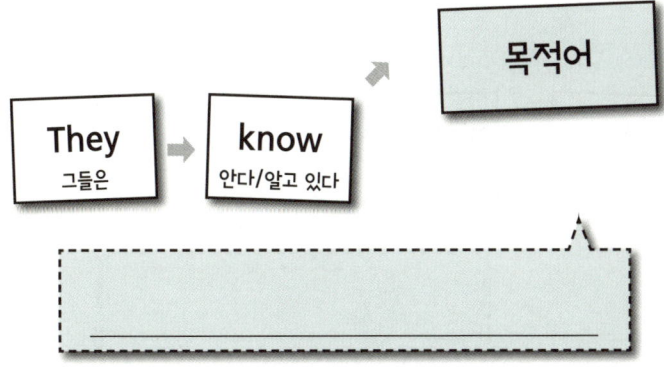

- '네가 시험에 통과했다'라는 것은 하나의 문장이에요.
- 문장을 목적어 자리에 넣으려면 문장 앞에 접속사 또는 의문사를 붙여야 해요.

ANSWER (that) you passed the exam

확인 문제 4

★ 밑줄 친 부분을 목적어 자리에 알맞은 형태로 넣어 보세요.

그녀는 <u>뉴욕으로 이사하기로</u> 계획했다.
(move to New York: 뉴욕으로 이사하다/옮기다)

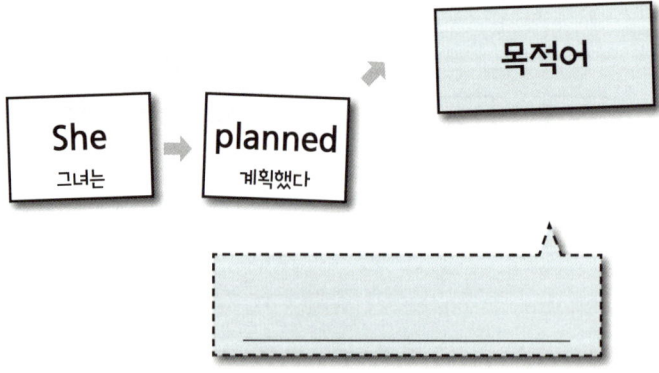

- 동사에 따라 목적어로 to부정사를 쓸지, 동명사를 쓸지를 판단하세요. (참고: 목적어 1 [7] ~ [13])

ANSWER to move to New York

내용 요약 목적어 1 (목적어 자리에 쓰는 말: 3형식)

❶ 목적어 자리에는 **명사** 역할을 하는 말만 쓸 수 있어요.

❷ you와 it을 제외하고, 주어 자리에 쓰는 대명사와 목적어 자리에 쓰는 대명사는 달라요. 주어와 목적어가 같은 사람일 때는 목적어 자리에 **재귀 대명사** 를 써요.

주격	목적격	재귀	주격	목적격	재귀
I	me	myself	he	him	himself
we	us	ourselves	she	her	herself
you (너)	you	yourself	it	it	itself
you (너희)	you	yourselves	they	them	themselves

❸ 동사에 따라 목적어로 to부정사나 동명사를 취해요.

want	,	wish	,	hope	,	plan	+ to부정사 목적어
enjoy	,	avoid	,	deny	,	stop	+ 동명사 목적어
like	,	love	,	begin	,	start	+ to부정사/동명사 모두

❹ 다음 동사들은 목적어로 to부정사를 쓸 때와 동명사를 쓸 때 그 의미가 달라져요.

	+ to부정사 목적어	+ 동명사 목적어
forget	~할 것을 잊다	~했던 것을 잊다
remember	~할 것을 기억하다	~했던 것을 기억하다
try	~하려고 노력하다	~을 시도해 보다

❺ 주어와 마찬가지로, 목적어 자리에는 접속사 **that** 또는 **whether** 가 이끄는 명사절이나, 명사 역할을 하는 **의문사절** 을 쓸 수 있어요.

내용 확인 이 Chapter에서 배운 중요 내용을 빈칸을 채우며 확인하세요.

❶ 목적어 자리에는 　　　　　 역할을 하는 말만 쓸 수 있어요.

❷ you와 it을 제외하고, 주어 자리에 쓰는 대명사와 목적어 자리에 쓰는 대명사는 달라요.
주어와 목적어가 같은 사람일 때는 목적어 자리에 　　　　　 를 써요.

주격	목적격	재귀
I		
we		
you (너)	you	
you (너희)	you	

주격	목적격	재귀
he		
she		
it	it	
they		

❸ 동사에 따라 목적어로 to부정사나 동명사를 취해요.

　　　　　, 　　　　　, 　　　　　, 　　　　　 + to부정사 목적어

　　　　　, 　　　　　, 　　　　　, 　　　　　 + 동명사 목적어

　　　　　, 　　　　　, 　　　　　, 　　　　　 + to부정사/동명사 모두

❹ 다음 동사들은 목적어로 to부정사를 쓸 때와 동명사를 쓸 때 그 의미가 달라져요.

	+ to부정사 목적어	+ 동명사 목적어
forget		
remember		
try		

❺ 주어와 마찬가지로, 목적어 자리에는 접속사 　　　　　 또는 　　　　　 가 이끄는
명사절이나, 명사 역할을 하는 　　　　　 을 쓸 수 있어요.

CHAPTER 04
목적어 2

4형식과 5형식 문장의 목적어에 대해서 배워요.

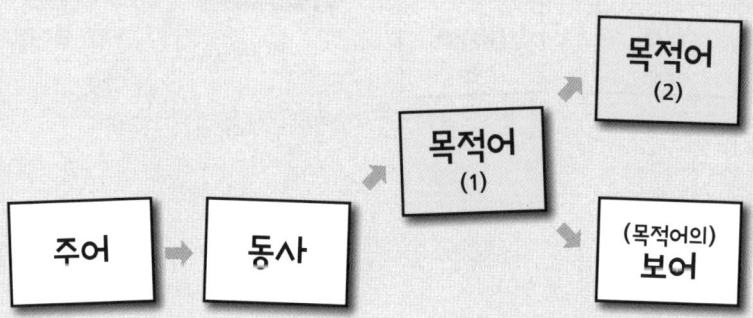

목적어 2   1

『 [동사] 뒤에 '누구에게'와 '무엇을'이라는 [목적어]가 2개 있다면 4형식 문장이에요. 』

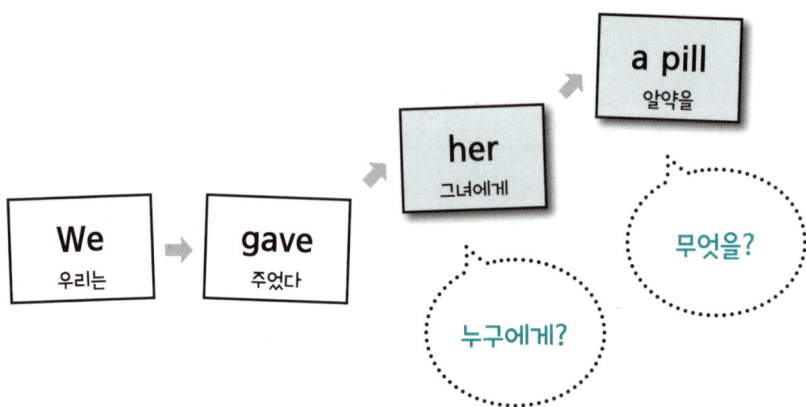

- '누구에게'에 해당하는 말을 간접 목적어라고 하고, '무엇을'은 직접 목적어라고 해요.

목적어 2 2

『'누구에게'와 '무엇을'이라는 [목적어] 2개를 취하는 동사는 주로 '~해 주다'라는 의미로 쓸 수 있는 동사들이에요.』

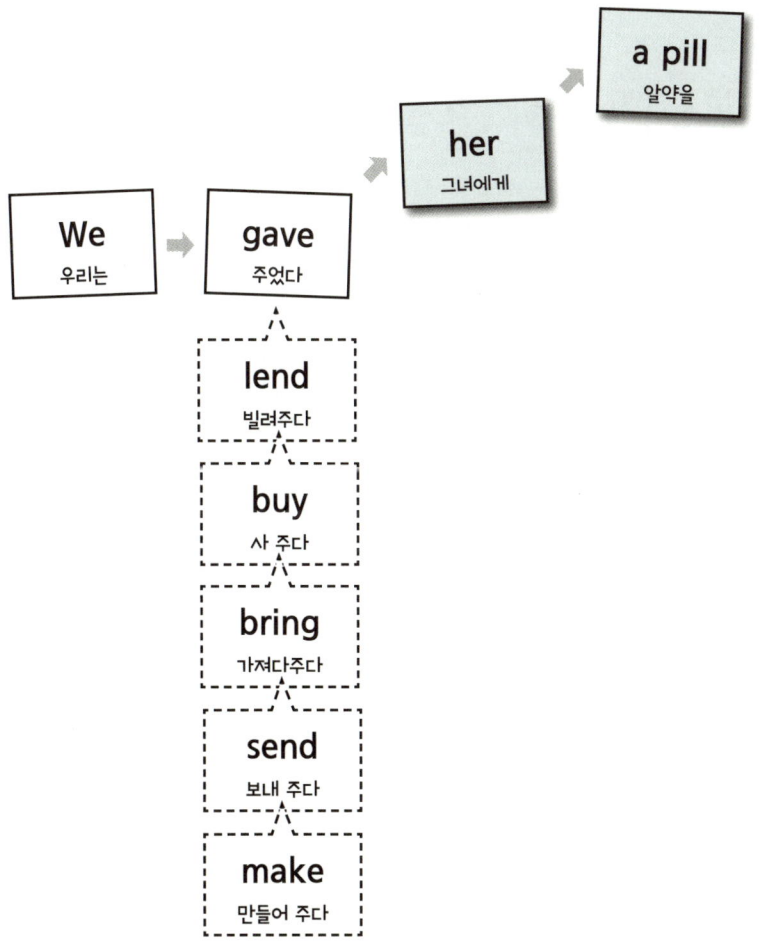

- 4형식 동사는 수여동사라고도 해요. show(보여 주다), teach(가르쳐 주다), tell(말해 주다), cook(요리해 주다), ask(물어보다) 등도 '~해 주다'라는 의미의 수여동사예요.

목적어 2 3

『[목적어]가 2개일 때는
반드시 '누구에게', '무엇을'의 순서로 써야 해요.』

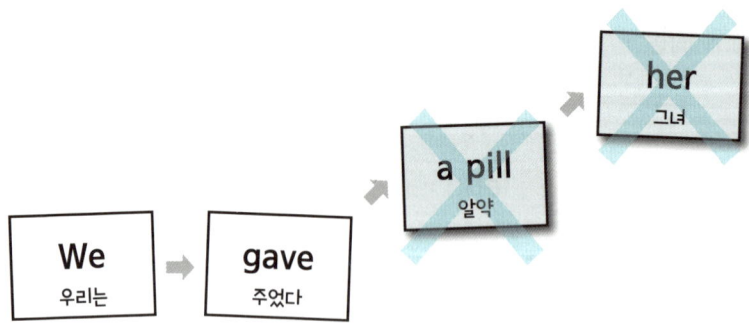

- 위처럼 목적어의 순서를 바꾸어 쓰면, '알약에게 그녀를 주었다'라는 이상한 말이 돼요.

목적어 2 4

『 [동사] 뒤에 '무엇을'에 해당하는 말을 먼저 쓰려면, [3형식 문장 + 수식어]의 형태로 쓸 수 있어요. 』

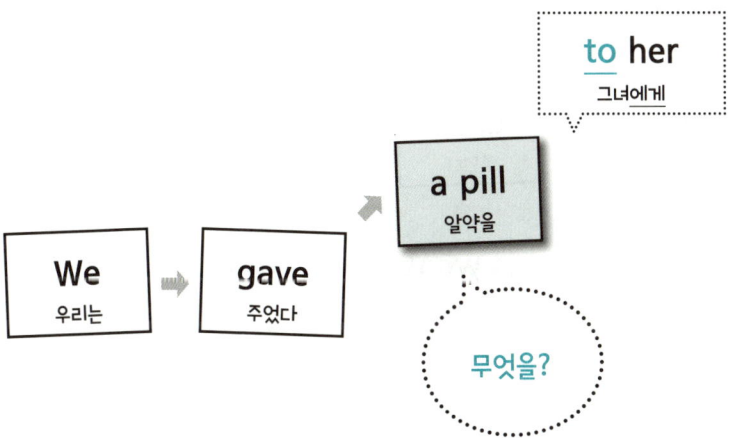

- 간접 목적어를 수식어로 바꾸는 경우, 간접 목적어 앞에 전치사 to나 for를 써요.

목적어 2 5

『 '무엇을'에 해당하는 2번째 목적어(직접 목적어) 자리에는 명사절을 쓸 수 있어요. 』

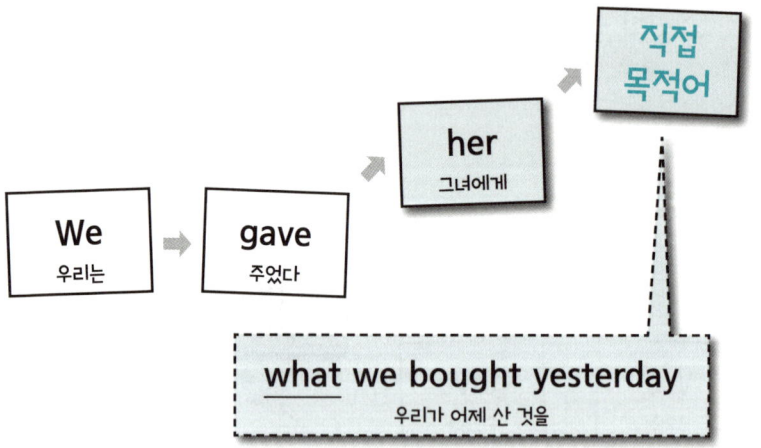

목적어 2 6

『 직접 목적어에 명사절이 사용된 문장 또한
〔3형식 문장 + 수식어〕의 형태로 바꾸어 쓸 수 있지만,
긴 명사절 뒤에 수식어가 나오는 방식은 <u>잘 쓰지 않아요.</u> 』

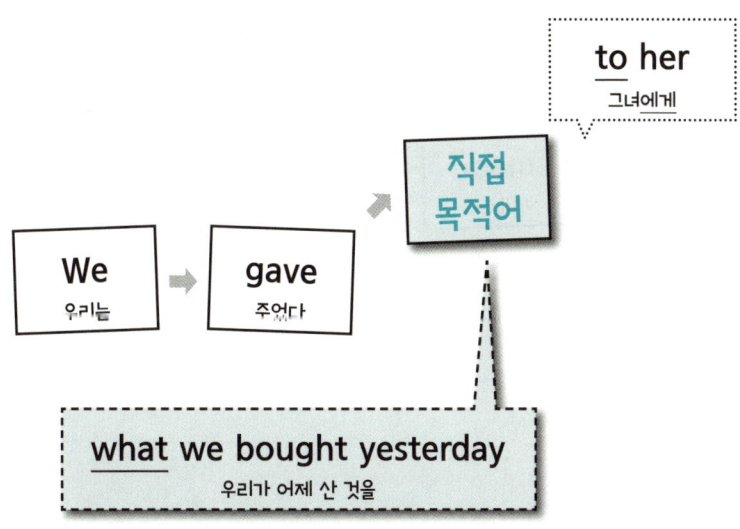

목적어 2   7

『 5형식 문장의 경우에는 목적어 뒤에 목적격 보어가 있죠? 』

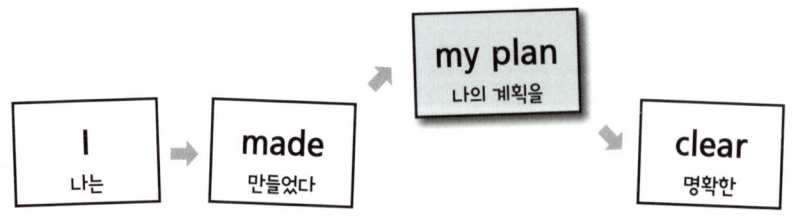

- 나의 계획을 분명히 했다/분명하도록 만들었다.

목적어 2

『 목적어로 명사절이 와서 길어지면, 구조가 이해하기 어려워져요.
그래서, 명사절 목적어를 뒤로 보내요. 』

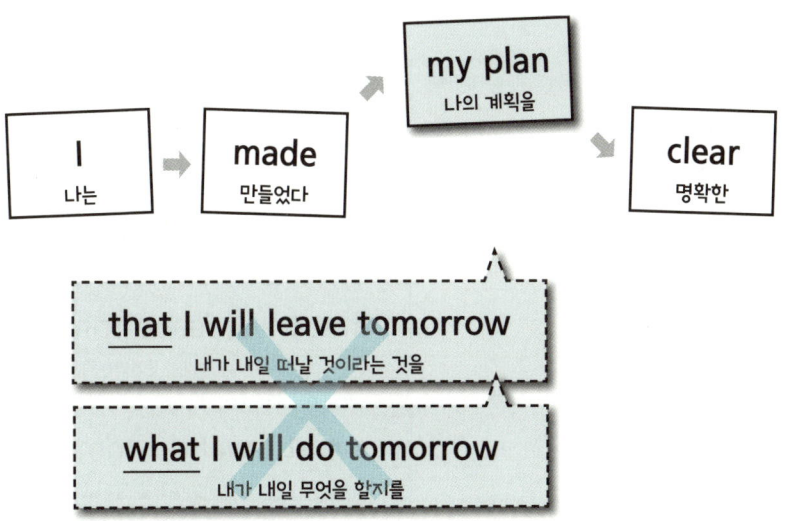

목적어 2 9

『 목적어 자리를 비워 둘 수 없기 때문에
원래의 목적어 자리에 가(짜) 목적어 it을 써요. 』

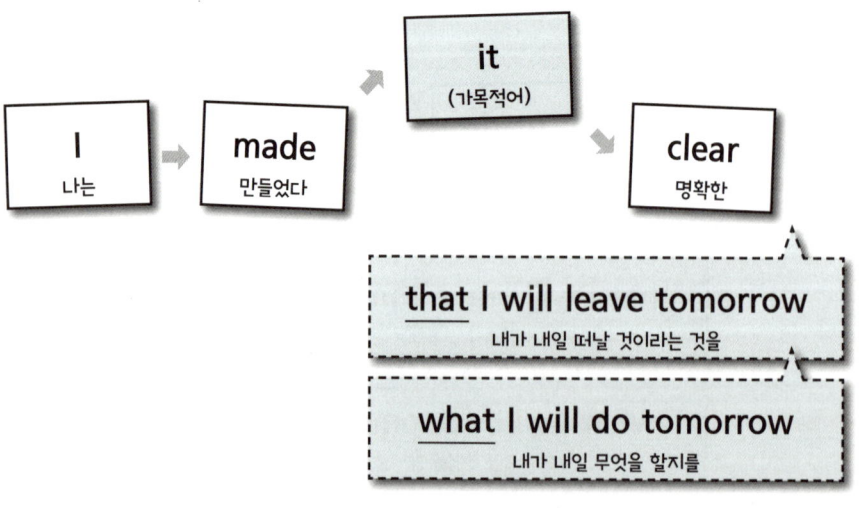

- 내가 내일 떠날 것이라는 걸 분명히 했다.
- 내가 내일 무엇을 할지를 분명히 했다.

목적어 2 10

『 5형식 문장에서 to부정사가 목적어 자리에 쓰여도, 이해하기 힘든 문장이 되기 때문에 뒤로 보내요. 』

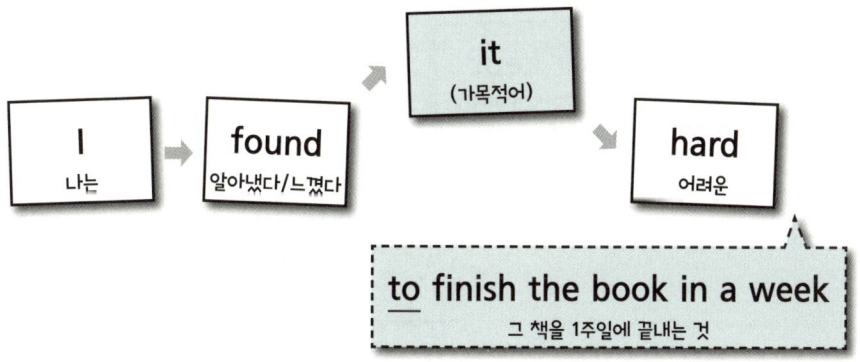

• 나는 그 책을 1주일에 끝내는 것은 어렵다는 걸 알았다.

목적어 2　11

『 5형식 문장은 아니어도, 동사와 전치사구 사이의
긴 명사절은 뒤로 보낼 수 있어요. 』

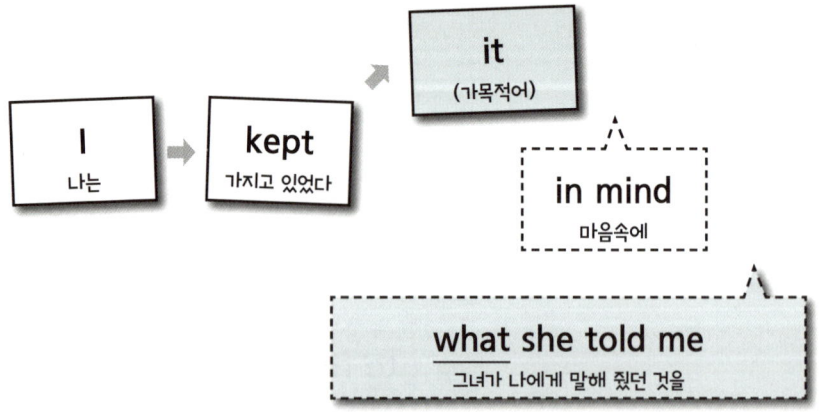

- keep ~ in mind: 마음에 보관하다, 명심하다

목적어 2   12

『영어에서는, [동사 + 전치사구]를 하나의 동사처럼 말하고, 그 뒤에 목적어를 말하는 방식을 자주 써요. 하지만 목적어의 자리를 아예 없애면 안 되기 때문에 가목적어 it을 넣어 줘요.』

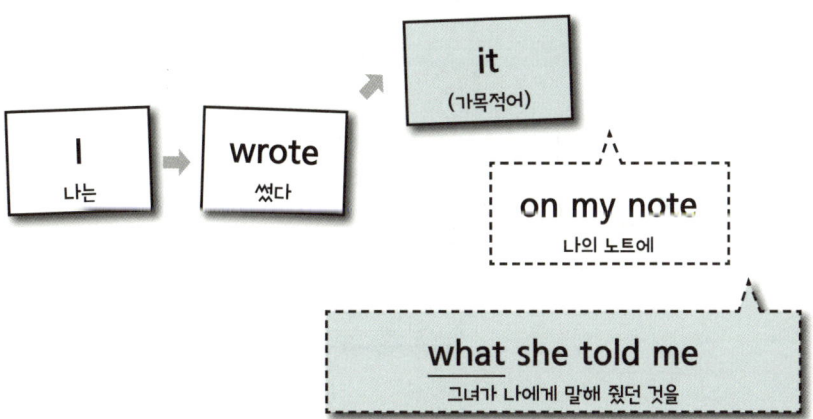

확인 문제 1

★ 밑줄 친 부분을 알맞은 목적어 자리에 넣어 보세요.

진수가 나에게 선물을 주었다.
(a gift: 선물, me: 나)

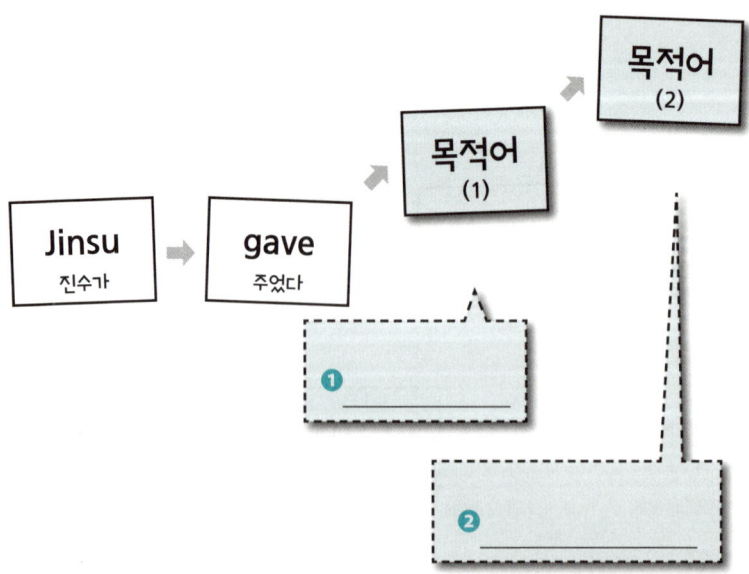

- 목적어가 2개인 4형식 문장은 반드시 '누구에게', '무엇을'의 순서로 써야 해요.

ANSWER ① me ② a gift

확인 문제 2

★ 밑줄 친 부분을 알맞은 목적어 자리에 넣어 보세요.

그녀는 우리에게 그녀가 어디를 방문했는지를 말해 줬어요.
(where she visited: 그녀가 어디를 방문했는지, us: 우리)

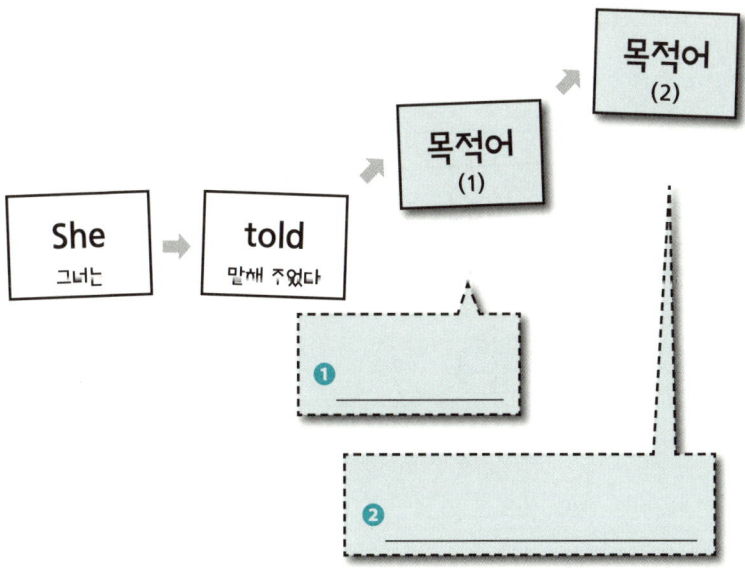

- '무엇을'에 해당하는 목적어 자리에는 명사절을 넣을 수 있어요.

ANSWER ❶ us ❷ where she visited

확인 문제 3

★ 밑줄 친 부분을 목적어 자리에 알맞은 형태로 넣어 보세요.

그녀는 <u>6시에 일어나는 것을</u> 규칙으로 만들었다.
(get up at 6: 6시에 일어나다)

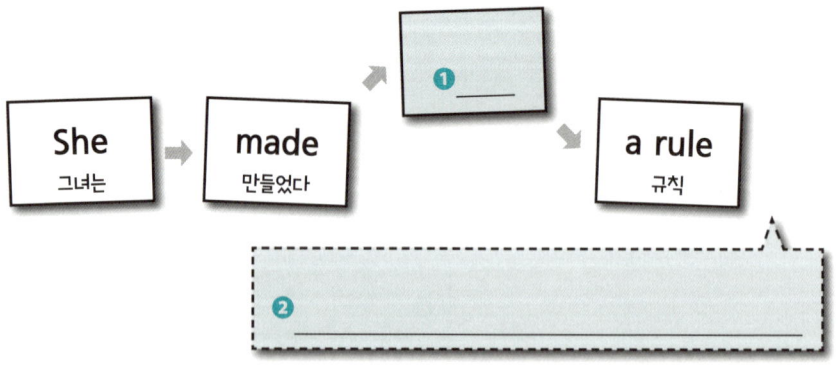

- '6시에 일어나다'라는 동사를 목적어 자리에 쓰기 위해서는 to부정사나 동명사로 만들어야 해요.
- 5형식 문장에서 목적어가 긴 명사절이나 명사구(to부정사)는, 그 자리에 가목적어 it을 쓰고 뒤로 보내요.
- make it a rule to ~: ~하는 것을 규칙으로 삼다/하다

ANSWER ❶ it ❷ to get up at 6

확인 문제 4

★ 밑줄 친 부분을 목적어 자리에 알맞은 형태로 넣어 보세요.

나는 <u>내가 그것을 원하지 않았다는 것</u>을 명확히 했다.
(I didn't want it: 나는 그것을 원하지 않았다, that: 접속사)

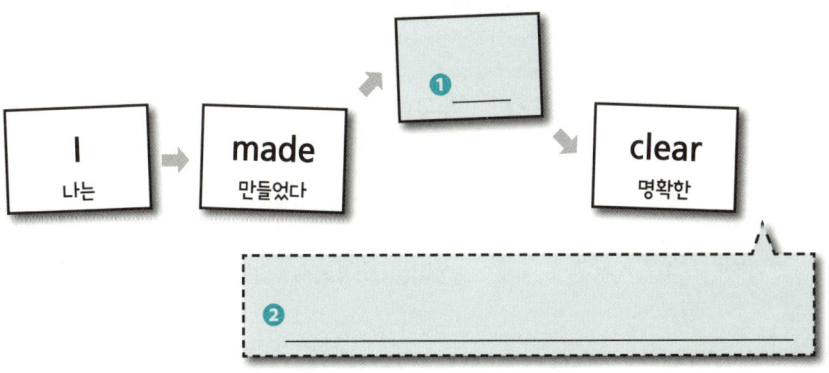

■ 문장을 통째로 목적어 자리에 쓰기 위해서는 문장 앞에 접속사나 의문사가 필요해요.

ANSWER ❶ it ❷ that I didn't want it

내용 요약 목적어 2 (4형식과 5형식 문장의 목적어)

❶ 목적어가 2개 있는 `4형식 문장` 을 만드는 동사들은 대부분 `'~해 주다'` 라는 의미가 있는 동사들이에요.

동사	4형식으로 쓸 때 동사의 의미
give	~에게 ...을 주다
lend	~에게 ...을 빌려주다
show	~에게 ...을 보여 주다
buy	~에게 ...을 사 주다
teach	~에게 ...을 가르쳐 주다
make	~에게 ...을 만들어 주다
tell	~에게 ...을 말해 주다

❷ 목적어가 2개일 때는 반드시 `'누구에게'`, `'무엇을'` 의 순서로 써요.

❸ `'무엇을'` 에 해당하는 목적어를 동사 바로 뒤에 쓰면, 그 뒤에 `to + 누구` 라는 수식어를 붙여요. (* 예외도 있지만, 거의 그래요.)

❹ `'무엇을'` 에 해당하는 목적어 자리에는 `명사절` 을 쓸 수 있어요.

❺ `to부정사` 나 `명사절` 과 같이 긴 목적어 뒤에 보어(5형식)나 전치사구 같은 수식어(3형식)가 있는 경우, 목적어 자리에 `가목적어 it` 을 두고 길이가 긴 `진목적어` 를 뒤로 보내요.

내용 확인 이 Chapter에서 배운 중요 내용을 빈칸을 채우며 확인하세요.

❶ 목적어가 2개 있는 _____을 만드는 동사들은

대부분 _____ 라는 의미가 있는 동사들이에요.

동사	4형식으로 쓸 때 동사의 의미
give	
lend	
show	
buy	
teach	
make	
tell	

❷ 목적어가 2개일 때는 반드시 _____ , _____ 의 순서로 써요.

❸ _____ 에 해당하는 목적어를 동사 바로 뒤에 쓰면,

그 뒤에 _____ 라는 수식어를 붙여요. (＊예외도 있지만, 거의 그래요.)

❹ _____ 에 해당하는 목적어 자리에는 _____ 을 쓸 수 있어요.

❺ _____ 나 _____ 과 같이 긴 목적어 뒤에 보어(5형식)나

전치사구 같은 수식어(3형식)가 있는 경우, 목적어 자리에 _____ 을 두고

길이가 긴 _____ 를 뒤로 보내요.

CHAPTER 05
보어 I

보어에는 주어를 보충 설명하는 주격 보어와
목적어를 보충 설명하는 목적격 보어가 있어요.
주격 보어에 대해 먼저 배워요.

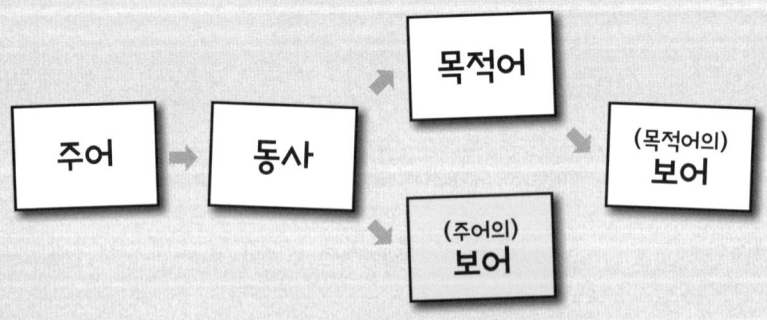

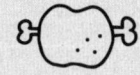

보어 1   1

『 '~이다', '~해 보이다', '~가 되다'와 같은 동사들은 뒤에 목적어('누구에게'나 '무엇을')가 필요하지 않은데, 그렇다고 뒤에 아무것도 넣지 않으면 의미가 불완전해요. 』

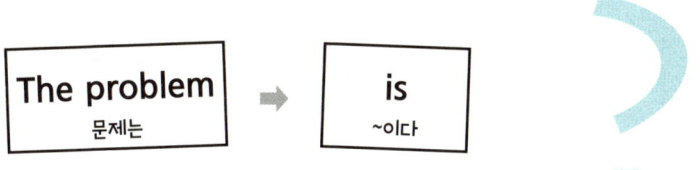

보어 1 2

『 그래서, be동사를 비롯한 다음 동사들은
보충 설명하는 보어를 필요로 해요. 』

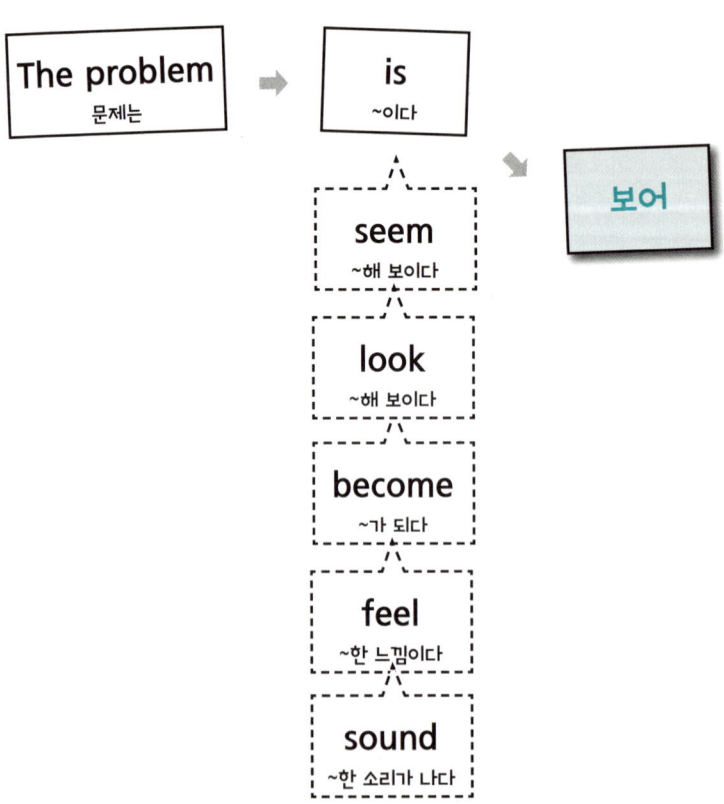

- 위 동사들은 하나 이상의 의미를 가지고 있지만, 그 중, 보어를 취하는 의미로 주로 많이 쓰여요.
- 그 외에 keep(~한 상태를 유지하다), stay(~한 상태로 있다), taste(~한 맛이 나다) 등 다양해요.

보어 1 3

『 보어 자리에는 <u>명사나 형용사 역할을 하는 말들을</u> 써요. 』

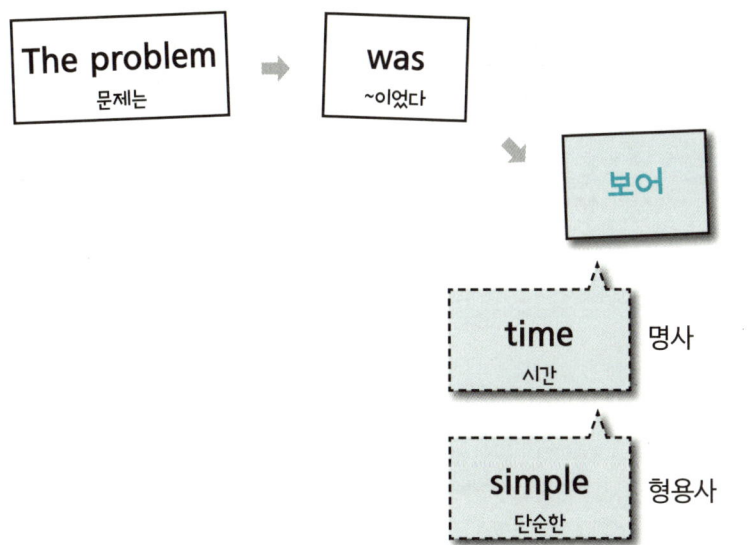

- be동사는 '~을'과 같은 목적어를 필요로 하지 않으며, 그렇다고 be동사에서 문장이 끝나면 불완전한 문장이 돼요. 이럴 때 필요한 말이 <u>보어</u>예요.

보어 1 - 4

『 앞서 배운 명사 역할을 하는 모든 말들을 주격 보어 자리에 쓸 수 있어요. 』

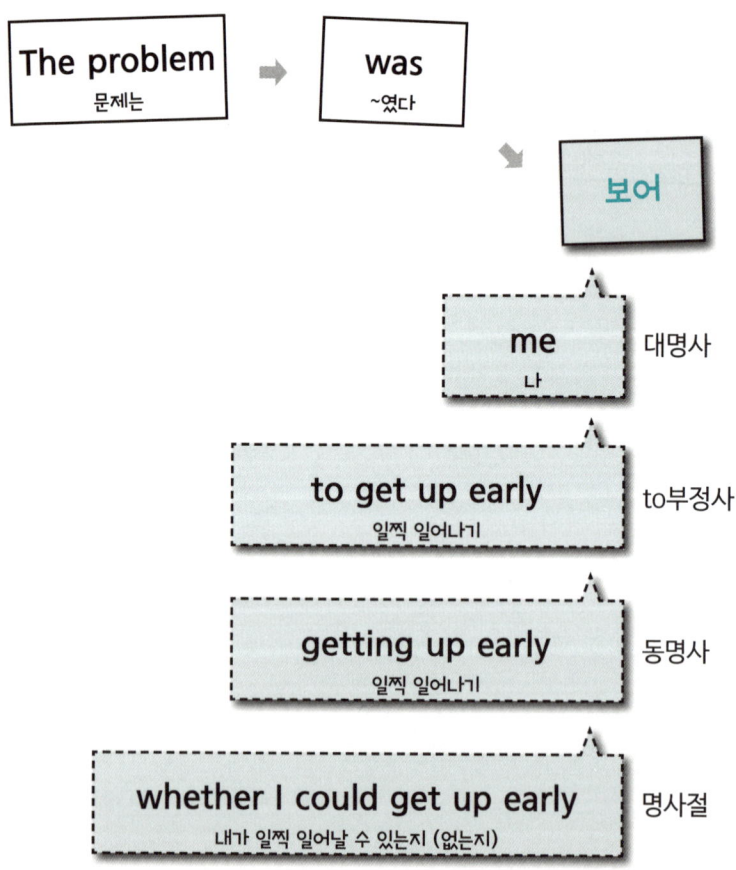

- 뒤에서 (수식어) 다루겠지만, to부정사는 명사 역할 외에도 형용사나 부사 역할을 할 수 있어요. 그래서 be동사 뒤에 to부정사를 형용사적으로 쓸 수 있으며, 이때는 '~할 예정이다', '~하려고 한다' 등과 같이 해석해요.

보어 1 5

『 주격 보어에는 형용사도 올 수 있어요.
그리고 <u>전치사구와 분사</u>가 형용사 역할을 할 수도 있어요. 』

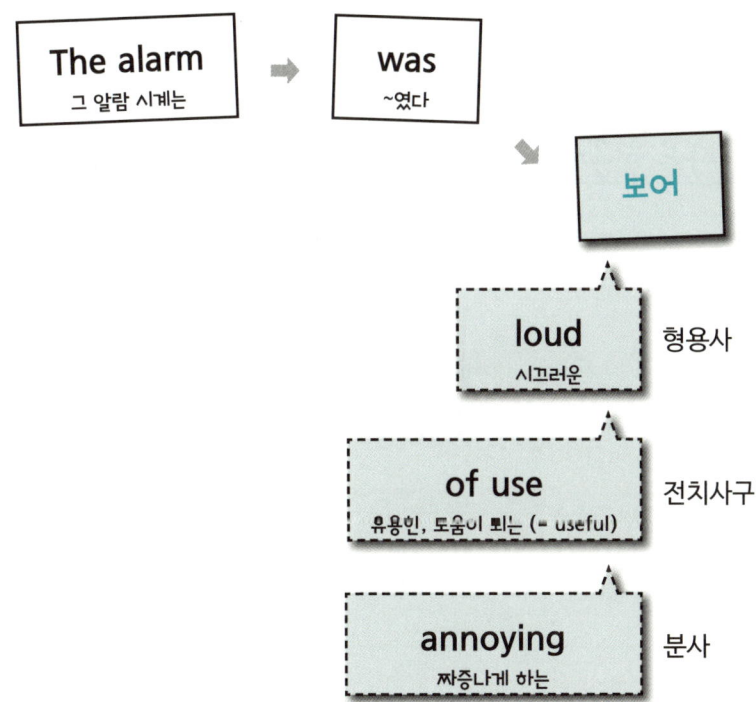

- 전치사구를 보어 자리에 쓰이는 경우는 많이 없기 때문에 이 책에서는 따로 다루지 않아요.
  - 대신, 명사를 꾸며 주는 역할(형용사 역할)을 하는 전치사구는 뒤에서 다루고 있어요.

보어 1   6

『동사를 명사로 쓰고 싶을 때, to부정사나 동명사로 만들죠?
동사를 형용사로 쓰고 싶을 때는 '분사'로 만들어요.』

분사란?

보어 1 7

『 동사를 분사로 만들기 위해
동사 끝에 -ing를 붙이거나, 동사의 과거분사형을 써요. 』

- 과거분사형은 동사 원형에 -ed를 붙인 형태이거나(규칙), 원형과 형태가 다른 것(불규칙)이 있어요.
규칙: use-used-used(사용된), 불규칙: write-wrote-written(쓰여진)

보어 1 8

『 현재분사는 '~하는', '~하게 하는'과 같이 <u>능동적</u> 의미이며, 과거분사는 '~당한', '~된'과 같이 <u>수동적</u> 의미예요. 』

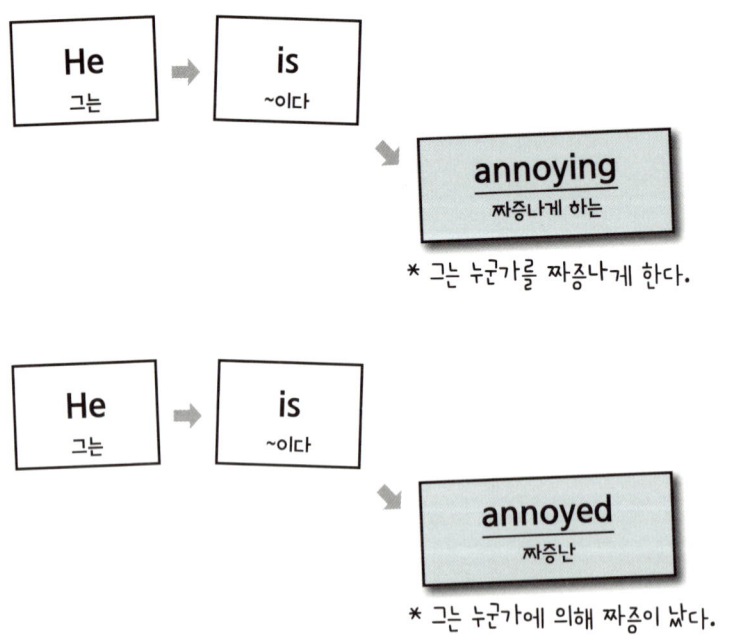

- 명사(위에서는 주어)가 '하는 것(능동적)'인지, '당하는 것(수동적)'인지를 잘 판단하여 현재분사를 쓸 것인지, 과거분사를 쓸 것인지를 결정해요. 분사는 형용사 역할을 해요.

보어 1 9

『 누군가 또는 무엇인가가 '지치게 하는' 성질을 가지고 있다면 동사 'tire(지치게 하다)'를 어떤 분사로 만들어야 할까요? 』

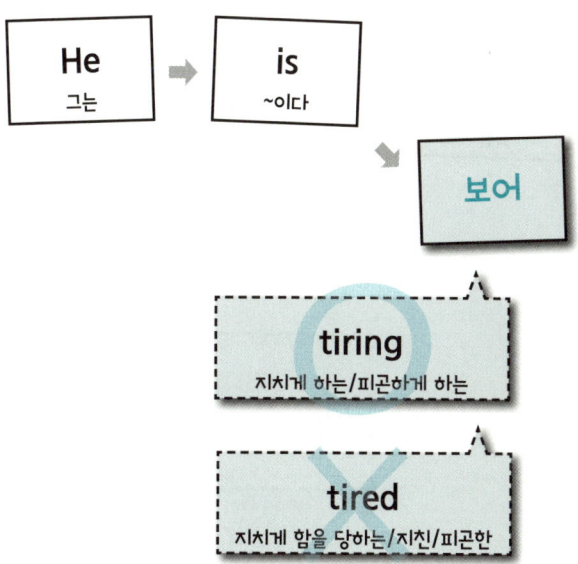

- 위에 사용된 tiring과 tired도 동사에서 만들어진 분사이지만, 사전에는 그 쓰임을 알려 주기 위해 형용사라고 표시되기도 해요.

보어 1 — 10

『 반대로 누군가 또는 무엇인가에 의해 '지친' 상태라면, 동사 'tire(지치게 하다)'를 어떤 분사로 만들어야 할까요? 』

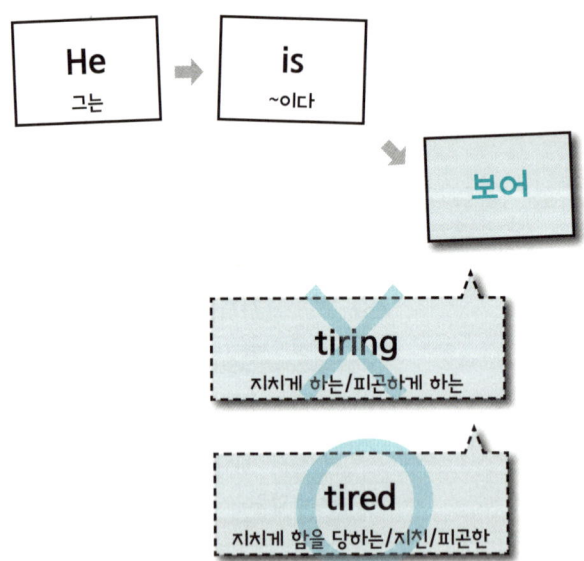

보어 1 11

『 참고로, (동사-ing)가 <u>현재분사</u>인지, <u>동명사</u>인지, 동사의 <u>진행형</u>인지는 문맥상 판단할 수 있어요. 』

He is very | annoying |.

→ 그는 매우 <u>짜증나게 한다</u>. ➡ 현재분사 (보어)

His best hobby is | annoying | us.

→ 그의 최고의 취미는 우리를 <u>짜증나게 하는 것</u>이다. ➡ 동명사 (보어)

He is | annoying | us.

→ 그는 우리를 <u>짜증나게 하는 중</u>이다. ➡ 동사의 진행형 (be동사 + 현재분사)

확인 문제 1

★ 밑줄 친 부분을 알맞은 곳에 넣어 볼까요?

우리는 가수를 초대했다.
(a singer: 가수)

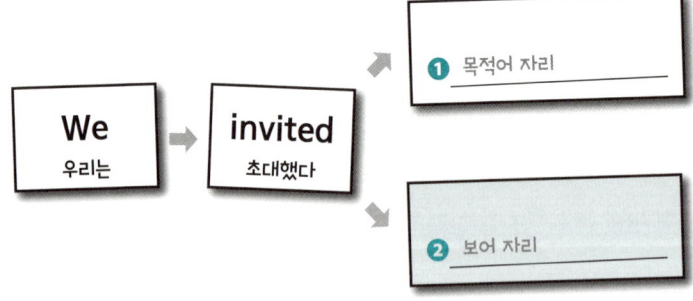

- 동사 뒤에 아무것도 필요 없으면 1형식, 동사 뒤에 '누구에게', '무엇을'에 해당하는 말이 오면 목적어(3형식), 목적어는 아니지만 뭔가 넣지 않으면 불완전한 문장이라면 보어(2형식)가 필요해요.

ANSWER ❶ a singer

확인 문제 2

★ 밑줄 친 부분을 알맞은 곳에 넣어 볼까요?

그녀는 <u>가수가</u> 되었다.
(a singer: 가수)

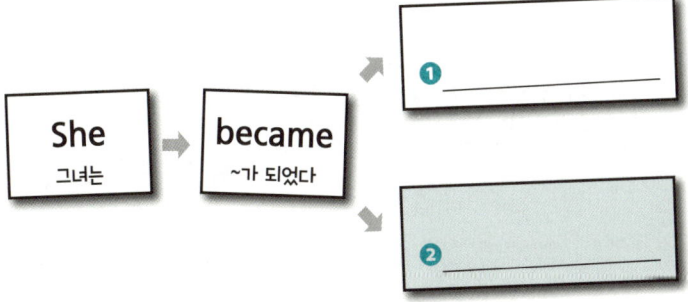

확인 문제 3

★ 밑줄 친 부분을 알맞은 형태로 주어진 자리에 쓰세요.

나의 목표는 <u>살을 빼는 것</u>이었다.
(lose weight: 무게를 줄이다, 살을 빼다)

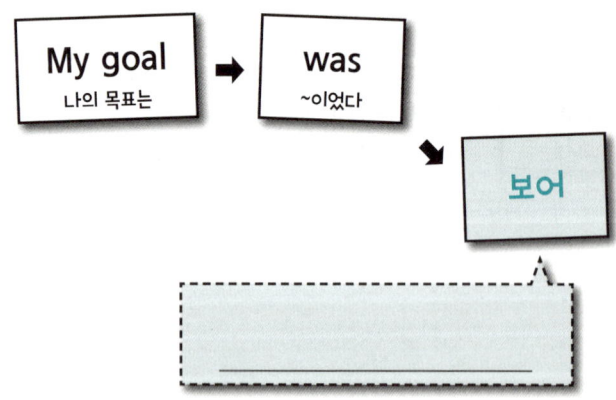

- 보어 자리에는 명사나 형용사를 쓸 수 있어요.
- 동사(lose)를 명사처럼 쓰려면, to부정사나 동명사로 만들어서 보어 자리에 쓸 수 있어요.

ANSWER to lose weight / losing weight

확인 문제 4

★ 밑줄 친 부분을 알맞은 형태로 주어진 자리에 쓰세요.

그 영화는 <u>흥미진진했다</u>. 그래서 그는 <u>흥분했다</u>.
(excite: 흥분시키다)

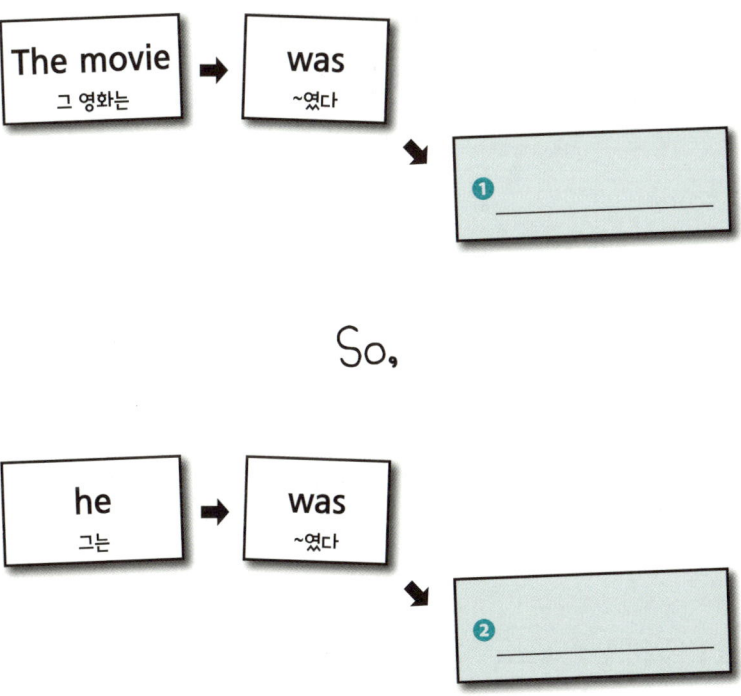

So,

- 동사(excite)를 형용사처럼 쓰려면, 현재분사나 과거분사로 만들어서 보어 자리에 쓸 수 있어요.
  - excited: 흥분시킴을 당한, 흥분한
  - exciting: 흥분시키는, 흥미로운

ANSWER ❶ exciting ❷ excited

내용 요약 보어 1 (보어 자리에 쓰는 말: 주격 보어)

❶ 보어를 취하는 동사들은 '~이다', '~해 보이다', '~한 상태로 있다' 등의 동사예요.
동사 뒤에 '누구에게' 또는 '무엇을'이라는 |목적어| 가 필요하지 않고,
동사 뒤에 아무것도 넣지 않기에는 문장이 불완전할 때 |보어| 를 넣어요.

❷ 다음 동사들이 보어를 취하는 대표적인 동사들이에요.

동사	2형식으로 쓸 때 동사의 의미
be	~이다
seem	~한 상태(성질)로 보이다
look	~한 상태(성질)로 보이다
feel	~한 느낌이다
become	~이 되다
sound	~한 소리가 나다
keep	~한 상태로 유지하다

❸ 보어 자리에는 |명사| 나 |형용사| 역할을 하는 말들을 쓸 수 있어요.
명사 역할을 하는 말들은 |대명사| , |to부정사| , |동명사| , |that절| , |whether절| , |의문사절| 이에요.

❹ 동사를 형용사처럼 쓰고 싶을 때는 동사를 |분사| 로 만들어요.

❺ 현재분사는 |동사-ing| 의 형태이고, 과거분사는 |과거분사형| 의 형태예요.
현재분사는 명사(여기서는 주어)가 |능동적| 으로 하는 상태를 말하고,
과거분사는 명사가 |수동적| 으로 당하는 상태를 표현해요.

내용 확인 이 Chapter에서 배운 중요 내용을 빈칸을 채우며 확인하세요.

❶ 보어를 취하는 동사들은 '~이다', '~해 보이다', '~한 상태로 있다' 등의 동사예요.

동사 뒤에 '누구에게' 또는 '무엇을'이라는 _____ 가 필요하지 않고,

동사 뒤에 아무것도 넣지 않기에는 문장이 불완전할 때 _____ 를 넣어요.

❷ 다음 동사들이 보어를 취하는 대표적인 동사들이에요.

동사	2형식으로 쓸 때 동사의 의미
be	
seem	
look	
feel	
become	
sound	
keep	

❸ 보어 자리에는 _____ 나 _____ 역할을 하는 말들을 쓸 수 있어요.

명사 역할을 하는 말들은 _____ , _____ , _____ , _____ ,

_____ , _____ 이에요.

❹ 동사를 형용사처럼 쓰고 싶을 때는 동사를 _____ 로 만들어요.

❺ 현재분사는 _____ 의 형태이고, 과거분사는 _____ 의 형태예요.

현재분사는 명사(여기서는 주어)가 _____ 으로 하는 상태를 말하고,

과거분사는 명사가 _____ 으로 당하는 상태를 표현해요.

CHAPTER 06
보어 2

목적격 보어에 쓰이는 다양한 말들을 배워요.

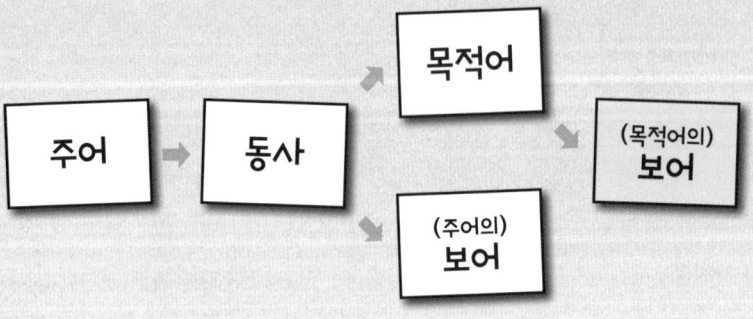

보어 2   1

『 5형식 문장은 목적어 뒤에 목적격 보어가 있는 문장으로 [목적어 = 목적격 보어]의 관계가 성립해요. 』

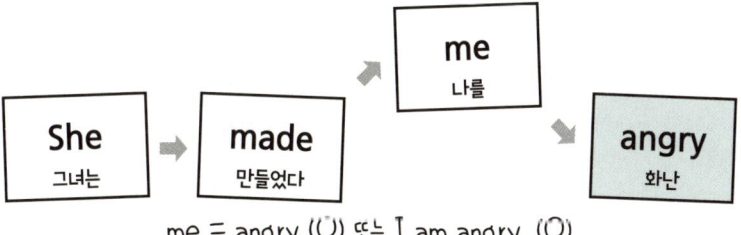

me = angry (O) 또는 I am angry. (O)

보어 2   2

『 주격 보어와 마찬가지로, 목적격 보어 자리에도 명사나 형용사의 역할을 하는 말들을 써요. 』

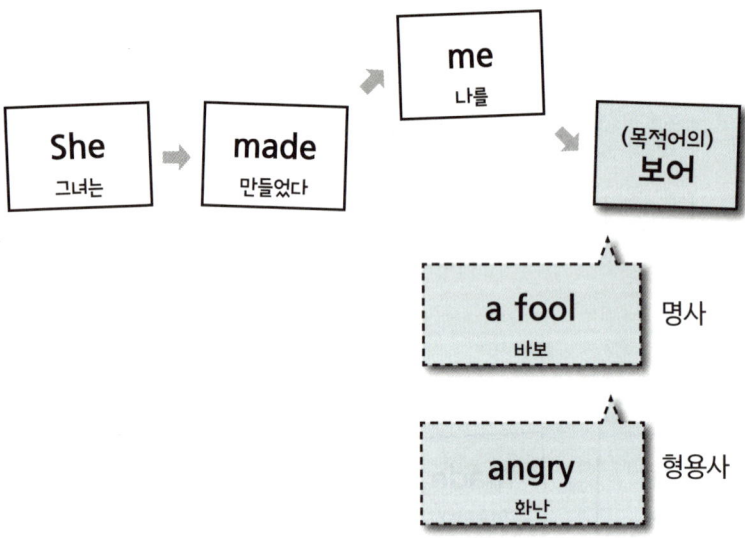

- 그녀는 나를 바보로 만들었다.   - 그녀는 나를 화나게 만들었다.

보어 2 3

『 <u>목적격 보어로 명사나 형용사를 취하는 대표적인 동사들은 다음과 같아요.</u> 』

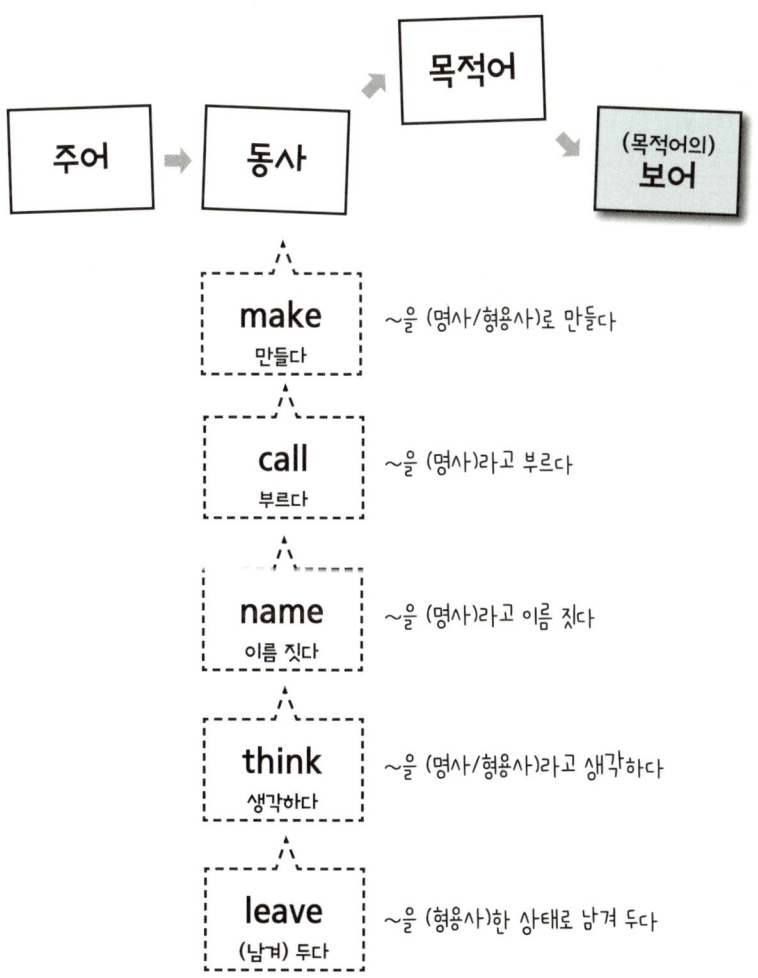

- 그 외에 keep(유지시키다), elect(선출하다), find(발견하다), consider(여기다, 간주하다), believe(믿다) 등도 목적격 보어로 명사나 형용사를 취하는 동사예요.

보어 2 4

『 많은 동사들이 목적격 보어로 to부정사를 써요. 』

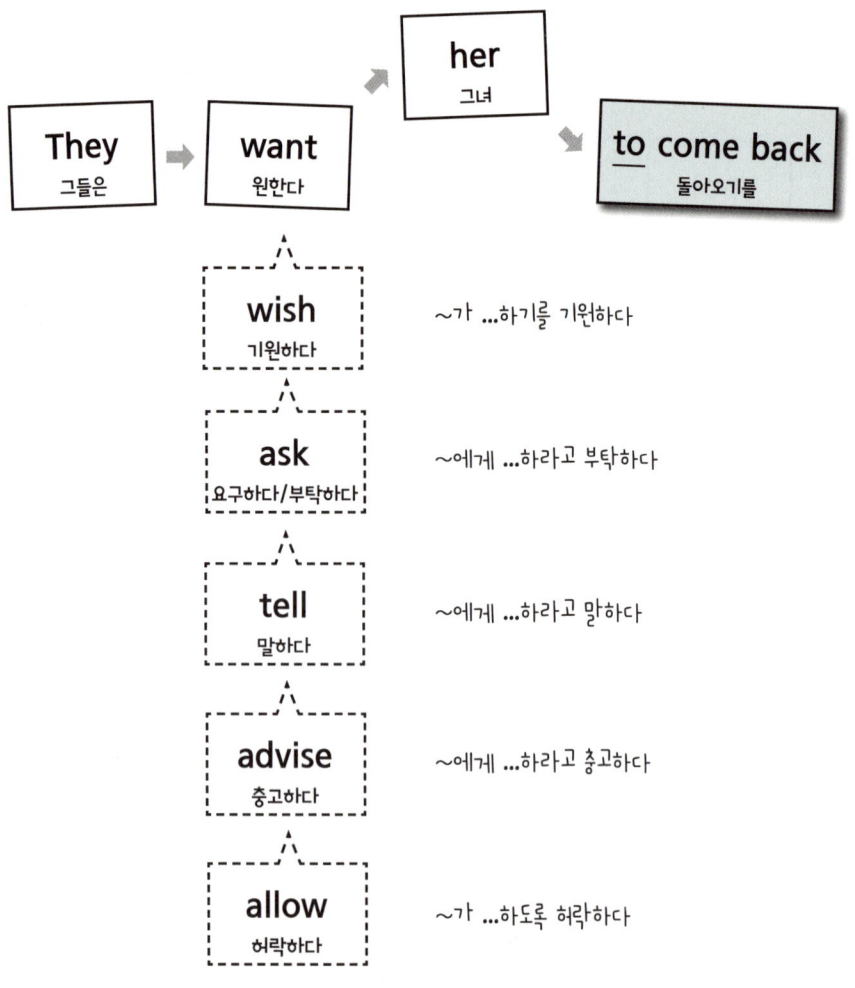

- 부정사란 '정해지지 않은 품사'라는 의미로 명사, 형용사, 부사의 역할을 해요. 사실상 동사나 전치사의 목적어 자리를 제외한 모든 곳에 to부정사를 쓸 수 있어요.
  - 목적격 보어로 쓰인 to부정사는 형용사 역할을 하고 있다고 볼 수 있어요.

보어 2 5

『 to부정사에서 to를 삭제한 형태인 원형부정사를 목적격 보어로 쓰는 동사들을 기억하세요. 』

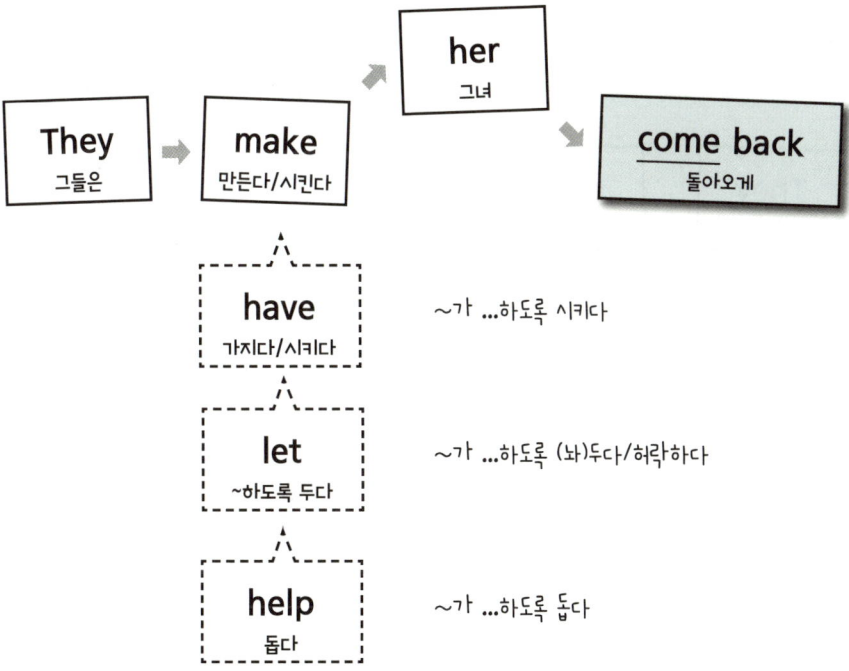

- help는 목적격 보어로 원형부정사와 to부정사 둘 다 써도 되는 동사예요.
  They help her (to) come back. (그들은 그녀가 돌아오도록 돕는다.)

보어 2 6

『 목적격 보어로 원형부정사도 분사도 쓰는 동사들도 있어요. 』

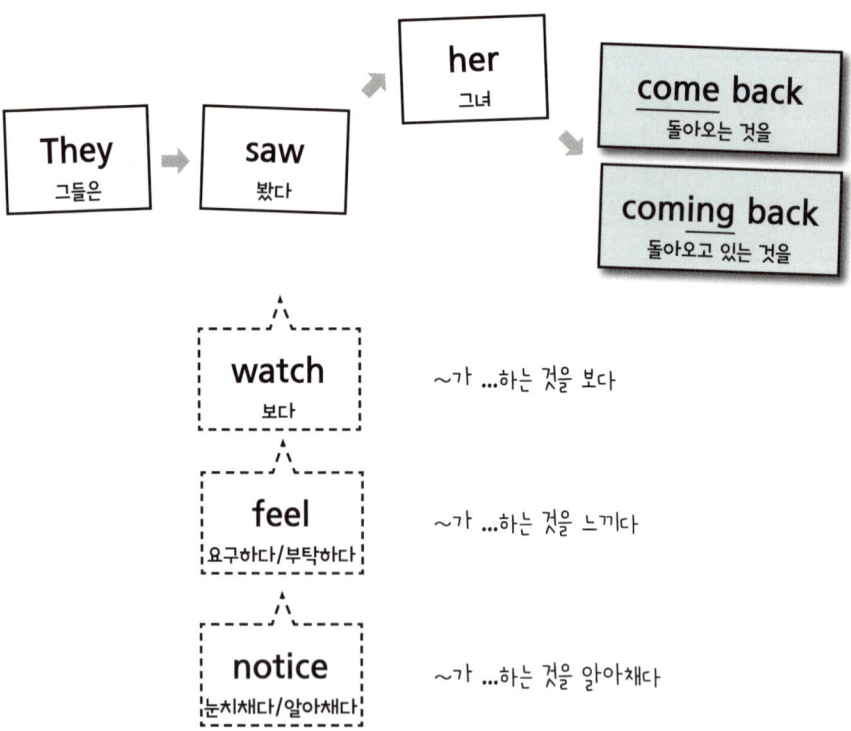

- see, watch, hear, smell, feel과 같이 '보고', '듣고', '냄새를 맡고', '느끼는' 감각을 나타내는 동사를 지각동사라고 불러요.

보어 2   7

『 목적격 보어로 과거분사를 쓸 수도 있는데,
이때 목적어가 목적격 보어를 당하는 관계가 성립돼요. 』

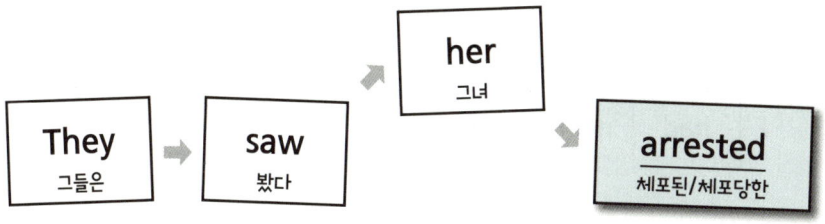

- They saw her <u>arresting</u>이 되면 '그녀가 체포당한 것을 봤다'가 아니라,
  '그녀가 누군가를 체포하는 것을 봤다'라는 의미가 돼요.

보어 2 8

『 목적격 보어로 과거분사를 쓰는 대표 동사들과 그때의 의미를 잘 읽어 두세요. 』

I | want | my car | washed | 나는 내 차가 씻기길 원한다.
(누군가 씻어 주길 원한다)

I | had | my car | washed | 나는 내 차가 씻기게 했다.
(누군가에게 씻으라고 시켰다)

I | made | my car | washed | 나는 내 차가 씻기게 만들었다.
(누군가에게 씻으라고 시켰다)

I | left | my car | unlocked | 나는 내 차를 잠그지 않은 채로 놔뒀다.

I | kept | my car | unlocked | 나는 내 차를 잠그지 않은 채로 뒀다.

보어 2 9

『 목적격 보어로 쓰인 to부정사, 원형부정사, 분사는 원래 동사에서 만들어진 말들로, 그 뒤에 목적어, 부사, 전치사구를 붙일 수 있어요. 』

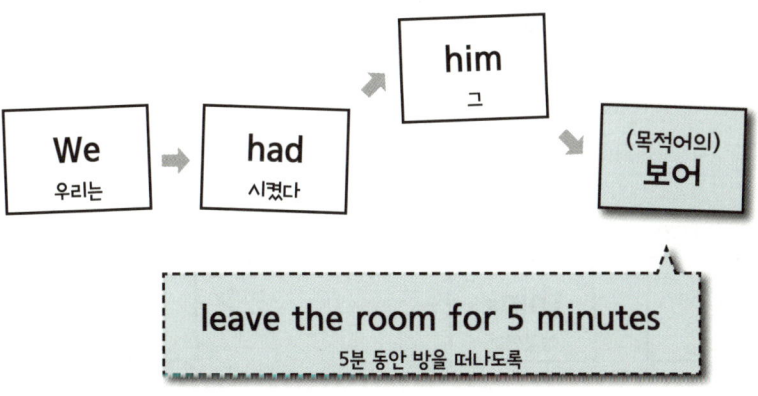

- '시키다'의 의미로 쓰인 have는 목적격 보어로 원형부정사(to없는 부정사)나 과거분사를 쓸 수 있어요.

확인 문제 1

★ 밑줄 친 부분을 알맞은 형태로 주어진 자리에 쓰세요.

나는 그가 <u>친절하다고</u> 생각한다.
(kind: 친절한)

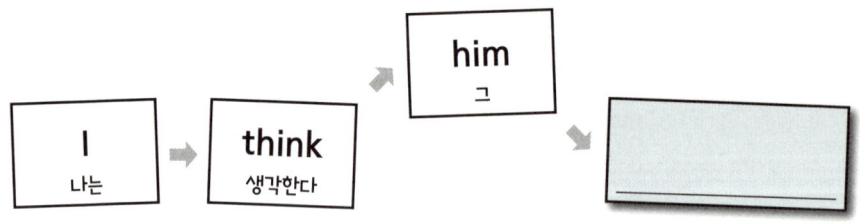

- 의미상 '친절하다고', '친절하게'라고 해석되나, 보어 자리에는 형용사를 써야 해요.
- 위의 문장은 I think (that) he is kind.와 의미가 같아요.

ANSWER kind

확인 문제 2

★ 밑줄 친 부분을 알맞은 형태로 주어진 자리에 쓰세요.

나는 그가 <u>이기기</u> 원했다.
(win: 이기다)

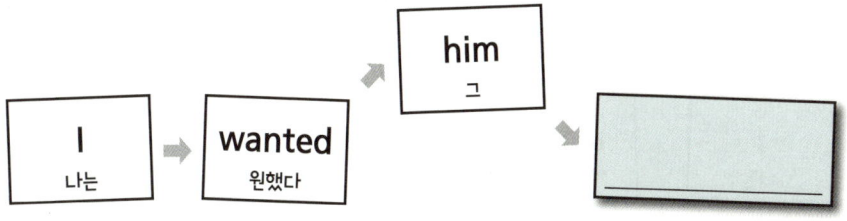

- 목적격 보어 자리에는 명사와 형용사 외에도 to부정사, 원형부정사, 분사가 쓰일 수 있어요.
- 동사(want)에 따라 어떤 목적격 보어를 취하는지 확인하세요. (참고: 보어 2 ④ ~ ⑧)

ANSWER to win

확인 문제 3

★ 밑줄 친 부분을 알맞은 형태로 주어진 자리에 쓰세요.

나는 그가 <u>거기에 가게</u> 만들었다. (가라고 시켰다)
(go there: 거기에 가다)

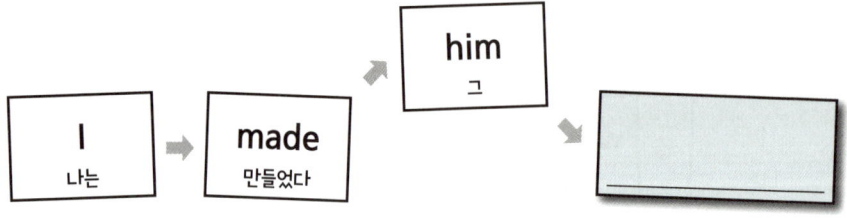

- 동사 make는 목적격 보어로 명사, 형용사, 원형부정사, 과거분사를 취할 수 있어요.

ANSWER go there

확인 문제 4

★ 밑줄 친 부분을 알맞은 형태로 주어진 자리에 쓰세요.

나는 그가 방을 <u>떠나는 것</u>을 알아챘다.
(leave the room: 방을 떠나다)

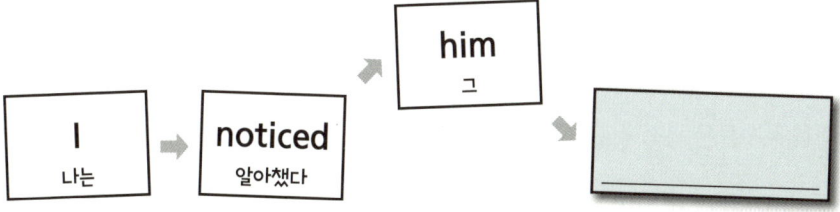

- 동사 notice는 목적격 보어로 원형부정사와 분사를 취할 수 있어요.
- 목적격 보어로 쓰인 분사는 목적어가 하는(능동적) 것이면 현재분사를, 목적어가 당하는(수동적) 것이면 과거분사를 써요.

ANSWER leave the room / leaving the room

내용 요약 보어 2 (5형식 문장의 보어: 목적격 보어)

❶ **5형식 문장** 은 목적어와 그 목적어를 설명하는 목적격 보어가 있는 문장이에요.

❷ 다음 동사들은 목적격 보어로 **명사** 나 **형용사** 를 써요.

make	~을 …로/하게 만들다		think	~을 …로/하게 생각하다
call	~을 …로 부르다		leave	~을 …한 상태로 두다
name	~을 …라고 이름 짓다		keep	~을 …한 상태로 유지하다

❸ 다음 동사들은 목적격 보어로 **to부정사** 를 써요.

want	~가 …하기 원하다		tell	~에게 …하라고 말하다
wish	~가 …하기 기원하다		advise	~에게 …하라고 충고하다
ask	~가 …하기 부탁하다		allow	~가 …하도록 허락하다

❹ 다음 동사들은 목적격 보어로 **원형부정사** 를 써요.

make	~가 …하게 만들다/시키다		let	~가 …하게 놔두다
have	~가 …하게 하다/시키다		help	~가 …하게 돕다

❺ 다음 동사들은 목적격 보어로 **원형부정사** 와 **분사** 를 쓸 수 있어요.

see	~가 …하는 것을 보다		notice	~가 …하는 것을 눈치채다
hear	~가 …하는 것을 듣다		feel	~가 …하는 것을 느끼다

내용 확인
이 Chapter에서 배운 중요 내용을 빈칸을 채우며 확인하세요.

❶ ☐☐☐☐☐은 목적어와 그 목적어를 설명하는 목적격 보어가 있는 문장이에요.

❷ 다음 동사들은 목적격 보어로 **명사** 나 **형용사** 를 써요.

make	~을 ...로/하게 만들다
call	
name	

think	
leave	
keep	

❸ 다음 동사들은 목적격 보어로 ☐☐☐☐☐ 를 써요.

want	~가 ...하기 원하다
wish	
ask	

tell	
advise	
allow	

❹ 다음 동사들은 목적격 보어로 ☐☐☐☐☐ 를 써요.

make	~가 ...하게 만들다/시키다
have	

let	
help	

❺ 다음 동사들은 목적격 보어로 ☐☐☐☐☐ 와 ☐☐☐☐☐ 를 쓸 수 있어요.

see	~가 ...하는 것을 보다
hear	

notice	
feel	

CHAPTER 07
동사 1

동사의 변화와 그 변화에 따른 역할에 대해서 살펴봐요.
완료 시제에 대해 자세히 배워요.

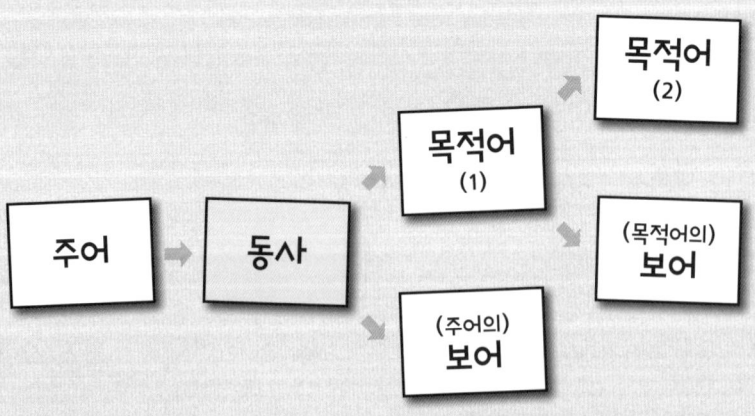

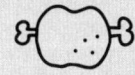

동사 1   1

『 동사는 <u>주어가 하는 행동</u>이나 <u>주어의 상태를 설명하는 말</u>로, 동사에 따라 뒤에 어떤 말을 쓸지, 즉 문장의 형식이 결정돼요. 』

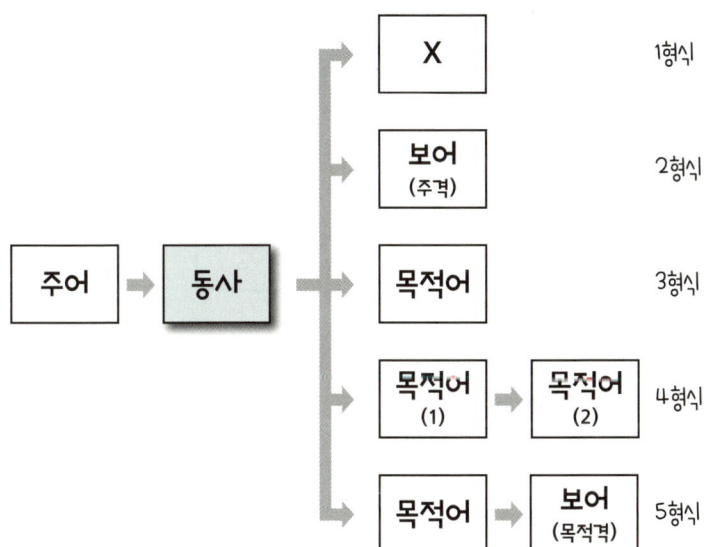

동사 1 ②

『 또한 동사의 형태를 바꾸어,
주어가 몇 인칭인지, 단수인지, 복수인지를 표현해요. 』

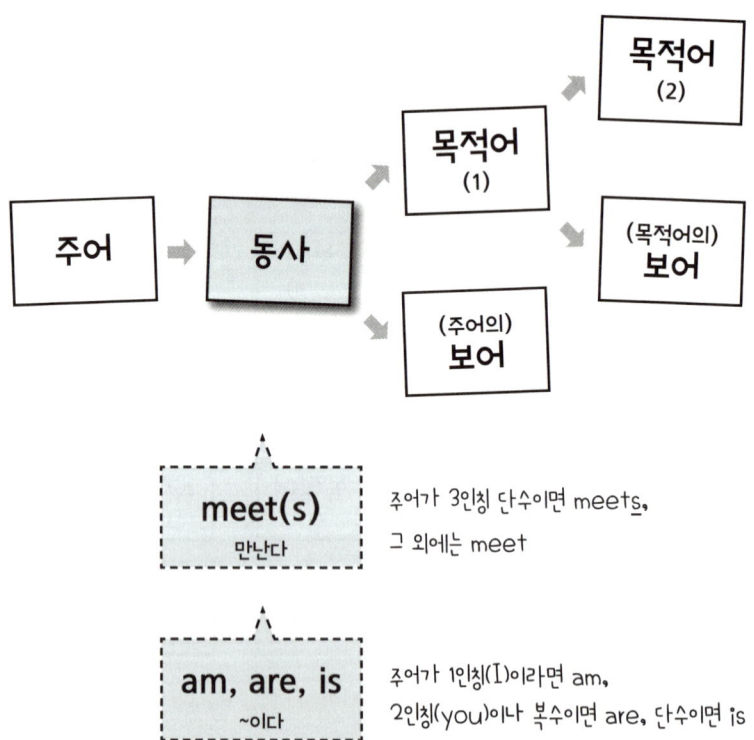

- 주어에 따라 동사를 맞추는 것을 수의 일치라고 해요.
주어의 수에 따라 동사의 형태를 일치시킨다는 의미예요.

동사 1 3

『 동사 앞에 다양한 조동사를 붙여서,
다양한 의미를 만들 수도 있어요. 』

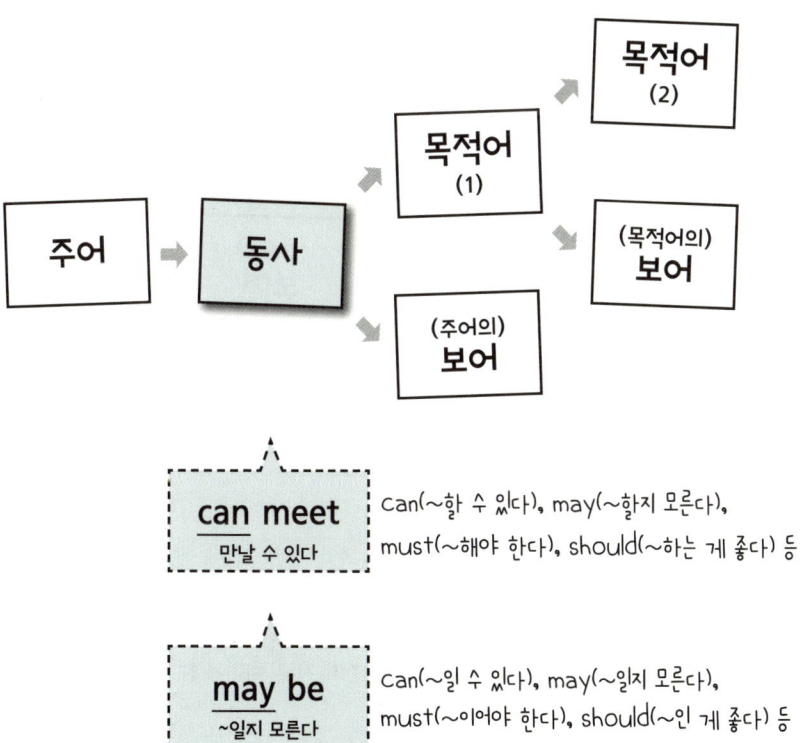

- 조동사 뒤에는 항상 동사 원형을 써요.

동사 1 4

『 또한 동사의 형태를 바꾸어,
주어가 하는 행동이나 상태의 시간(시제)을 표현해요. 』

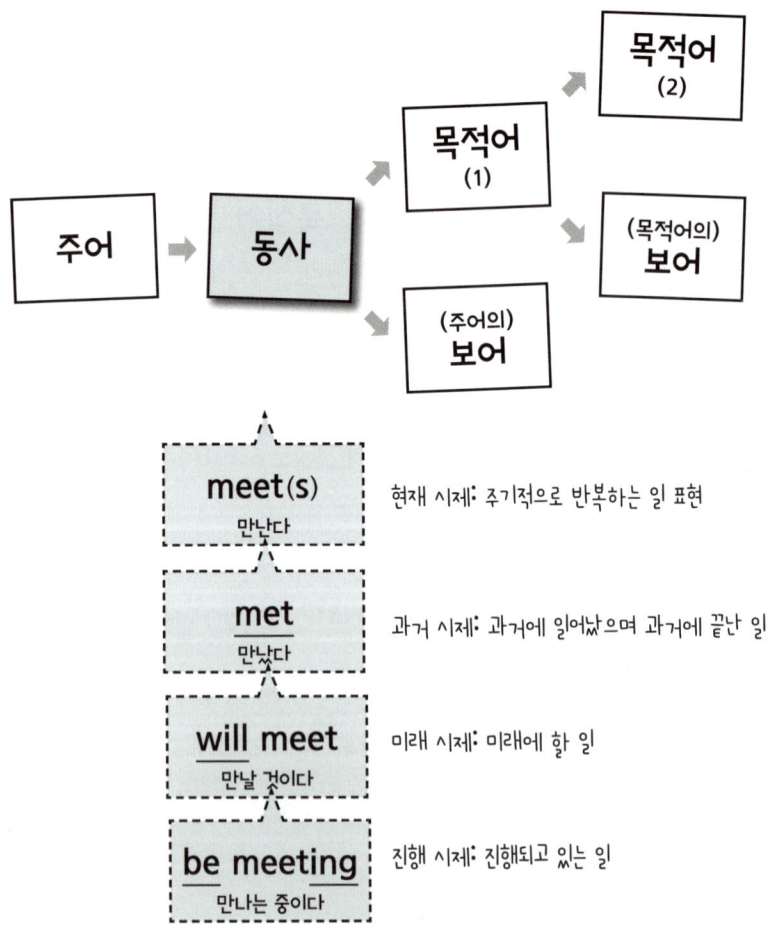

- 동사의 진행형 [be동사 + meeting]에서 be동사는 주어와 시제에 맞춰 am, are, is, was, were, will be로 바꾸어 써요.

동사 1 | 5

『 시제를 표현하는 be동사의 형태와 의미도 확인해 보세요. 』

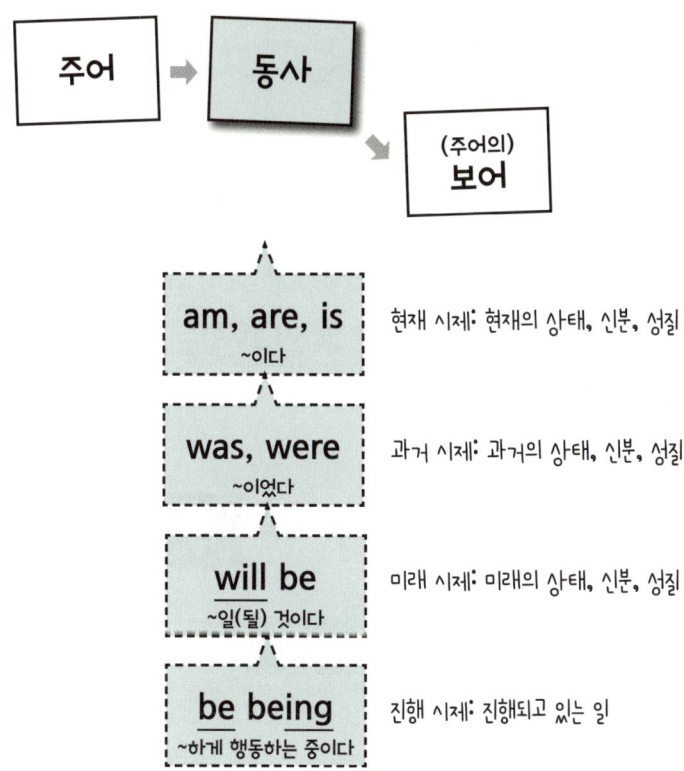

- will은 조동사로 조동사 뒤에는 항상 동사 원형을 써요. (am, are, is, was, were의 원형은 be)
- [be동사 + being]에서 앞의 be동사는 주어와 시제에 맞추어 쓰며,
  뒤의 being은 '~하게 굴고 있는', '~한 행동을 하고 있는'이라는 의미가 돼요.

동사 1 | 6

『 우리말과 달리, 영어에는 완료라는 특별한 시제가 있어요.
'완료'란 '어떤 일이 시작되어 끝났다'라는 의미로,
과거부터 완료 시점까지의 시간대 안의 일을 표현해요. 』

과거
(시작)

완료
(끝)

완료 시제
(과거부터 완료 시점까지의 시간대)

동사 1 7

『현재 완료 시제는 완료되는 시점이 현재라는 의미로, 과거부터 현재까지의 시간대에 해당하는 일을 표현해요.』

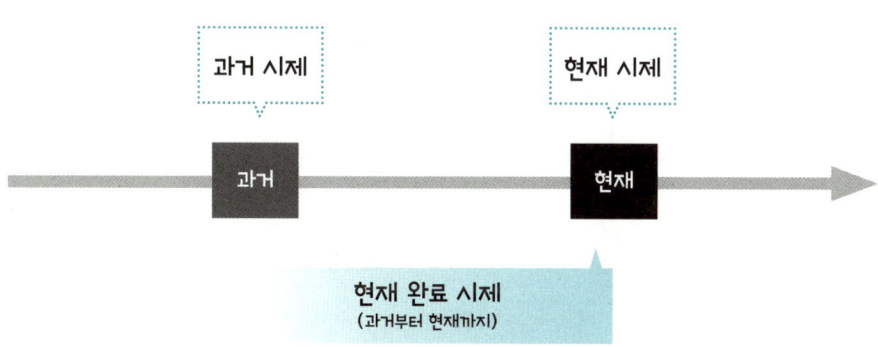

- 과거 시제는 단순히 과거 시점의 일을 표현하지만, 완료 시제는 시작과 끝이 있는 시간대의 일을 표현해요.

동사 1 8

『 현재 완료 시제를 표현하기 위해서는
동사를 [have + 과거분사형]의 형태로 써요. 』

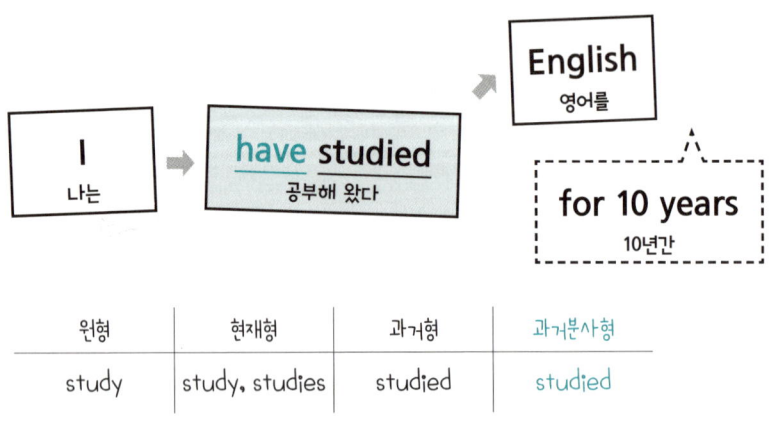

원형	현재형	과거형	과거분사형
study	study, studies	studied	studied

- 단순히 과거에 '영어를 공부했다'라는 의미가 아니라, 과거(10년 전)에 시작해서 말하고 있는 시점(완료)까지에 걸쳐 '공부해 왔다'라는 의미가 돼요.

동사 1   9

『 주어가 3인칭 단수이면, [has + 과거분사형]으로 써요. 』

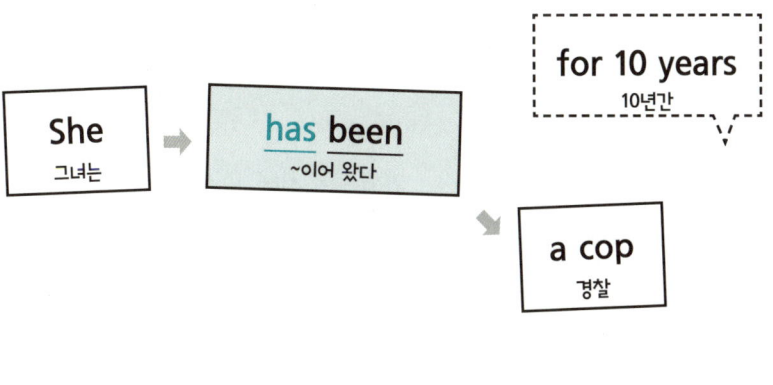

원형	현재형	과거형	과거분사형
be	am, are, is	was, were	been

- 단순히 '그녀는 경찰이다'라는 현재의 상태를 말하는 것이 아니라, 과거(10년 전)에 경찰이 되어 현재(완료)까지 '경찰이어 왔다'라는 의미가 돼요.

동사 1   10

『 완료 시제가 기간 동안의 일을 표현하는 시제이다 보니, 여러 가지 의미로 사용할 수 있는데요, 』

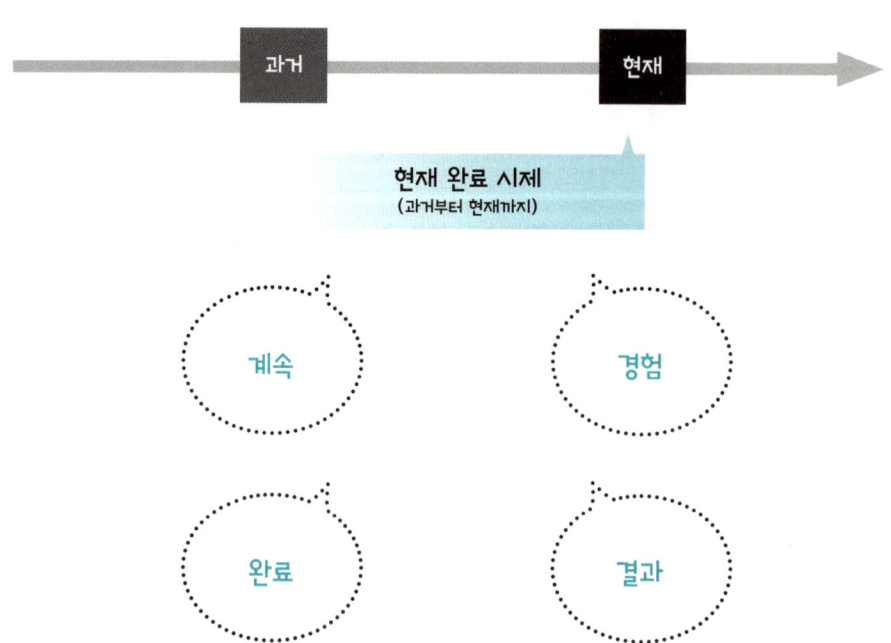

동사 1 11

『 과거부터 현재까지 '(쭉) ~해 왔다', '~이어 왔다'와 같은 계속적인 의미를 표현할 수 있어요. 』

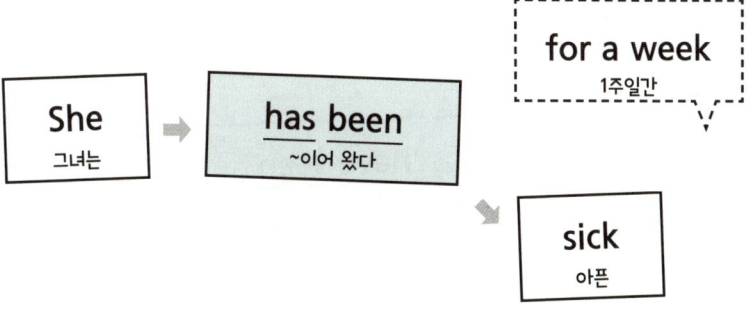

원형	현재형	과거형	과거분사형
be	am, are, is	was, were	been

- 그녀는 1주일간 아팠다. (과거에 끝난 일이 아님: 계속)

동사 1 12

『 또 과거부터 현재까지
'~한 적이 있다'라는 경험을 표현할 수도 있어요. 』

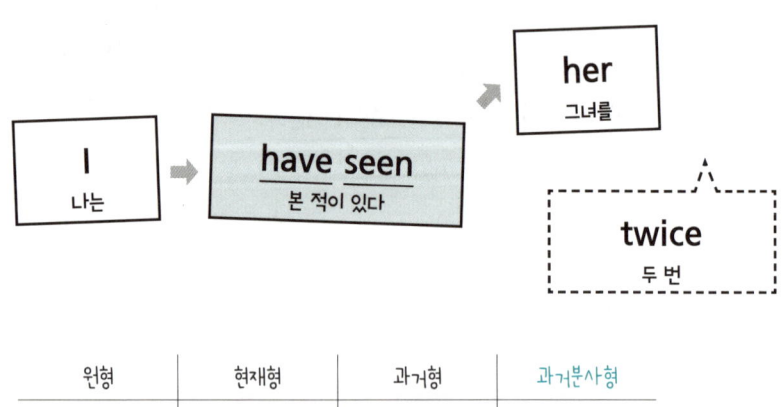

원형	현재형	과거형	과거분사형
see	see. sees	saw	seen

- 나는 그녀를 두 번 본 적이 있다. (과거에 끝난 일이 아님: 경험)

동사 1   13

『 또 '(이미, 방금) 다했다'와 같이
과거에 시작하여 현재는 다 완료된 것을 표현할 수도 있어요. 』

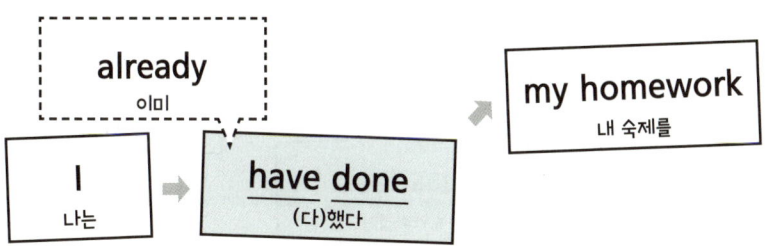

원형	현재형	과거형	과거분사형
do	do, does	did	done

- 'I did it yesterday. (나는 어제 그것을 했다.)'는 과거에 끝난 일을 표현(과거)하고, '(방금, 이미) 그것을 (다)했다'라고 하면 과거부터 해서 현재는 그 일이 끝났음을 표현(완료)해요.

동사 1 14

『 과거에 어떤 일이 생겼고, 그 상태가 현재까지 이어지는 경우,
'~했다(그 결과가 현재까지 그대로)'라는 표현도 가능해요. 』

(잃어버린 상태가 현재까지 그대로이며, 그래서 현재 열쇠가 없어요.)

원형	현재형	과거형	과거분사형
lose	lose, loses	lost	lost

- 단순히 과거에 '잃어버렸다'를 말하는 것(과거)이 아니라,
과거에 '잃어버렸고, 그 결과 현재 가지고 있지 않다'라는 표현(결과)이에요.

동사 1 15

『 더 먼 과거에 시작하여 과거에 완료된 일은 과거 완료 시제, 미래에 완료될 일은 미래 완료 시제로 써요. 』

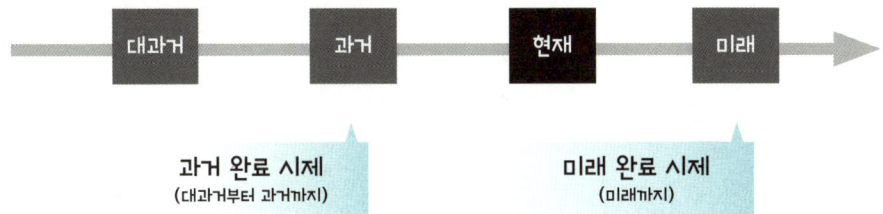

동사 1 16

『 과거 완료 시제는 [had + 과거분사형]으로 써요. 』

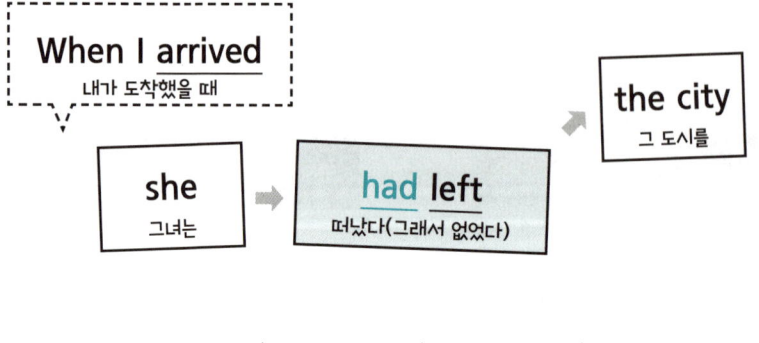

원형	현재형	과거형	과거분사형
leave	leave, leaves	left	left

- '도착한' 시점(과거)을 기준으로, 그 이전(대과거)에 '그녀는 떠났고 도착했을 때(과거) 그녀가 없었다'라는 의미예요. (결과)

동사 1 17

『 현재 완료 시제와 마찬가지로, 과거 완료 시제도 '계속', '경험', '완료', '결과'를 나타낼 수 있어요. 』

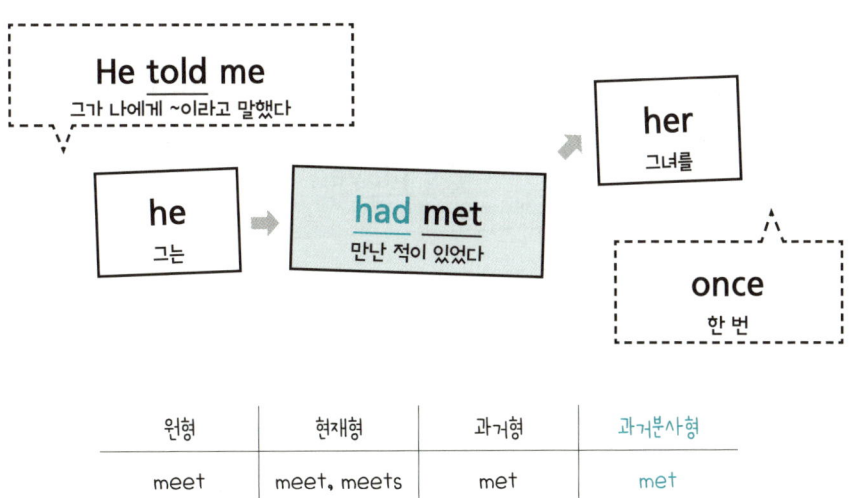

원형	현재형	과거형	과거분사형
meet	meet, meets	met	met

- 그는 내게 그녀를 한 번 만난 적이 있다고 말했다. (경험)
- 더 먼 과거부터 말한 시점(과거)까지의 시간대에서 그의 경험을 말하고 있어요.

동사 1 18

『 미래 완료 시제는 [will have + 과거분사형]으로 써요. 』

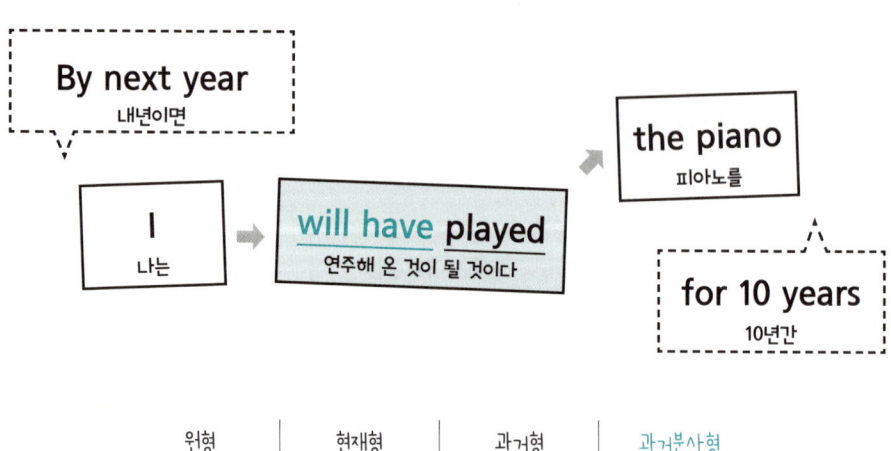

원형	현재형	과거형	과거분사형
play	play, plays	played	played

- '내년이면 내가 피아노를 친 지 10년이 된다.'라는 의미예요. (계속)

동사 1　19

『 말하고 있는 것은 현재, 그 일이 완료되는 시점은 미래, 시작은 과거나 현재가 될 수 있어요. 』

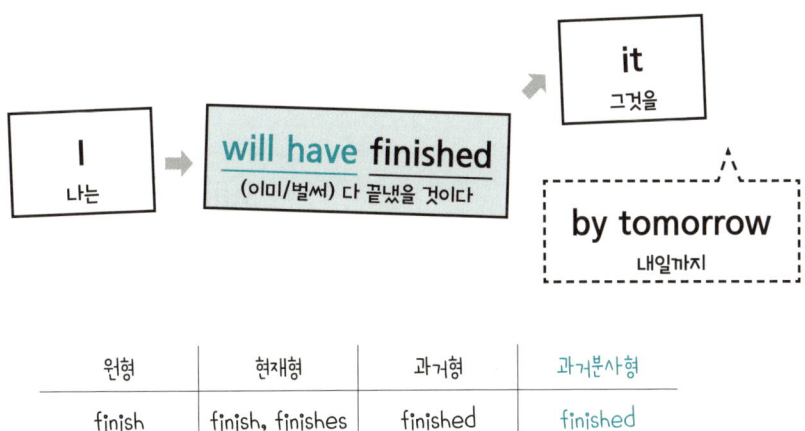

원형	현재형	과거형	과거분사형
finish	finish, finishes	finished	finished

- 내일이면 그것을 다 끝냈을 것이다. (완료)
- 어제 시작해서 아직 안 끝냈고 내일 끝낸다는 것인지,
 이제 시작해서 내일 끝낸다는 것인지는 알 수 없어요.

확인 문제 1

★ 밑줄 친 부분을 알맞은 형태로 빈칸에 넣으세요.

나는 어제 수진이에게 책 한 권을 <u>빌려줬다</u>.
(lend – lend(s) – lent – lent)

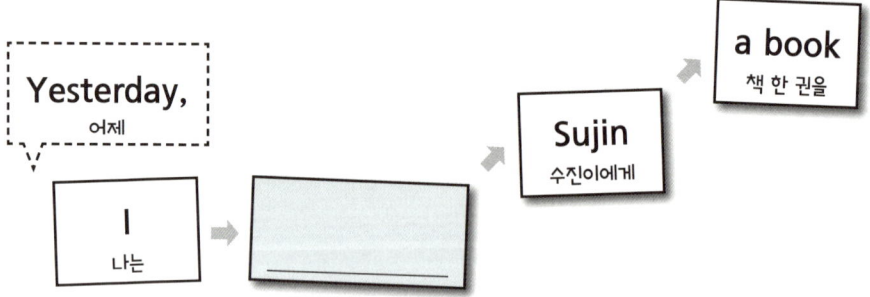

- '어제'라는 부사를 볼 때, 과거 시제임을 알 수 있어요.

ANSWER lent

확인 문제 2

★ 밑줄 친 부분을 알맞은 형태로 빈칸에 넣으세요.

나는 그녀가 우는 것을 <u>느낀 적이 있다</u>.
(feel – feel(s) – felt – felt)

■ '~한 적이 있다'라는 것은 과거부터 현재까지에 걸친 경험을 뜻해요.

ANSWER have felt

확인 문제 3

★ 밑줄 친 부분을 알맞은 형태로 빈칸에 넣으세요.

내일이면 나는 여기에 10년간 <u>살고 있는 것이 될 것이다</u>.
(live - live(s) - lived - lived)

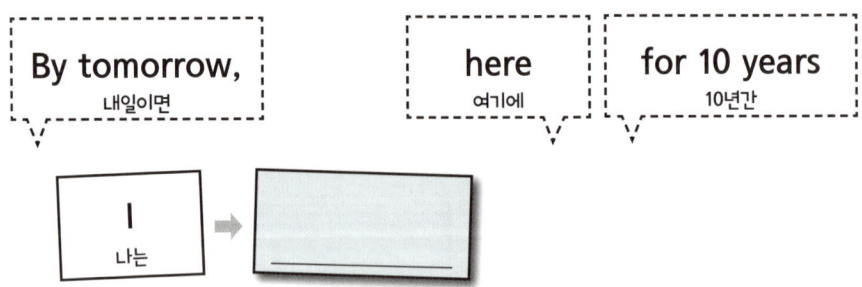

- 내일이면 내가 여기에 산 지 10년이 된다.
- 내일(미래)이 되면 10년 동안 '쭉 살아오고 있는' 것이 되는 것을 표현하는 것은 미래 완료 시제예요.

ANSWER will have lived

확인 문제 4

★ 밑줄 친 부분을 알맞은 형태로 빈칸에 넣으세요.

그녀는 이틀 동안 아픈 상태였다고 말했다.
(be – am/are/is – was/were – been)

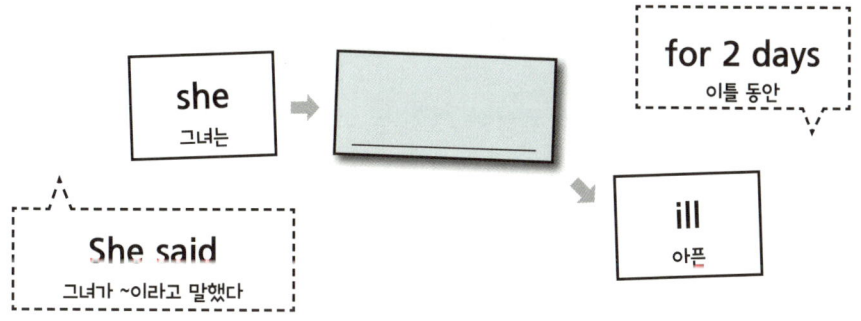

- 문장 전체의 시점은 과거이며,
그 이전의 과거(2일 전)부터 말한 시점(said)까지에 걸친 시제를 선택해야 해요.

ANSWER had been

내용 요약 — 동사 1 (동사의 형태 및 시제: 완료)

❶ **동사** 에 따라 뒤에 어떤 말을 쓸지가 달라져, **문장의 형식** 이 결정돼요.

❷ 주어에 맞춰 동사를 **수의 일치** 시켜, 주어가 3인칭 단수이면 일반동사는 원형에 -(e)s를 붙이고, be동사는 주어에 따라 am, are, is를 선택해서 써요.

❸ 동사는 형태를 변화시켜 **시제** 를 표현해요.

시제	동사의 형태
현재 시제	원형 / 원형-s
과거 시제	과거형
미래 시제	will + 원형
진행 시제	be동사 + 원형-ing

❹ 과거부터 완료 시점까지의 일을 표현하는 시제를 **완료 시제** 라고 하고, 과거부터 현재까지에 해당하는 일은 **현재 완료 시제**, 대과거부터 과거까지는 **과거 완료 시제**, 과거나 현재부터 완료 시점이 미래인 일은 **미래 완료 시제** 로 써요.

❺ 완료 시제를 표현하는 동사의 형태는 다음과 같아요.

시제	동사의 형태
현재 완료	have/has + 과거분사형
과거 완료	had + 과거분사형
미래 완료	will have + 과거분사형

❻ 완료 시제는 **'(쭉) ~해 왔다'** (계속), **'~한 적이 있다'** (경험), **'(이미, 벌써) 다했다'** (완료), **'~했다(그래서 지금 그대로다)'** (결과)라는 의미가 있어요.

내용 확인 이 Chapter에서 배운 중요 내용을 빈칸을 채우며 확인하세요.

❶ _____ 에 따라 뒤에 어떤 말을 쓸지가 달라져, _____ 이 결정돼요.

❷ 주어에 맞춰 동사를 _____ 시켜, 주어가 3인칭 단수이면 일반동사는 원형에 -(e)s를 붙이고, be동사는 주어에 따라 am, are, is를 선택해서 써요.

❸ 동사는 형태를 변화시켜 _____ 를 표현해요.

시제	동사의 형태
현재 시제	
과거 시제	
미래 시제	
진행 시제	

❹ 과거부터 완료 시점까지의 일을 표현하는 시제를 _____ 라고 하고, 과거부터 현재까지에 해당하는 일은 _____ , 대과거부터 과거까지는 _____ , 과거나 현재부터 완료 시점이 미래인 일은 _____ 로 써요.

❺ 완료 시제를 표현하는 동사의 형태는 다음과 같아요.

시제	동사의 형태
현재 완료	
과거 완료	
미래 완료	

❻ 완료 시제는 _____ (계속), _____ (경험), _____ (완료), _____ (결과)라는 의미가 있어요.

CHAPTER 08
동사 2

동사의 변화와 그 변화에 따른 역할에 대해서 살펴봐요.
수동태에 대해 자세히 알아봐요.

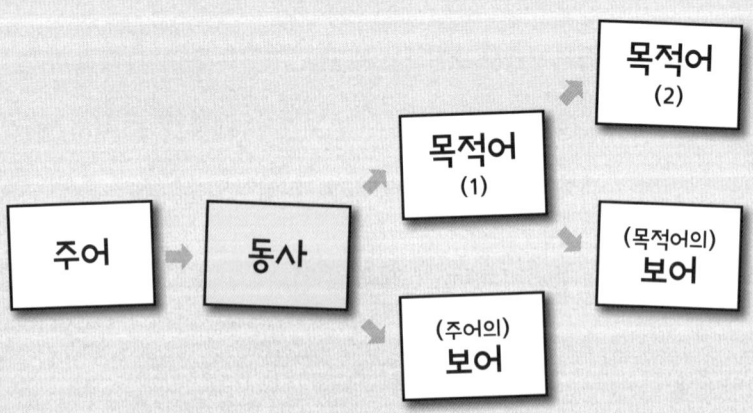

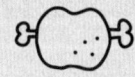

동사 2 1

『 동사는, 주어가 <u>하는 일</u>을 나타내기도(능동태) 하지만,
주어가 <u>당하는 일</u>을 나타내기도(수동태) 해요. 』

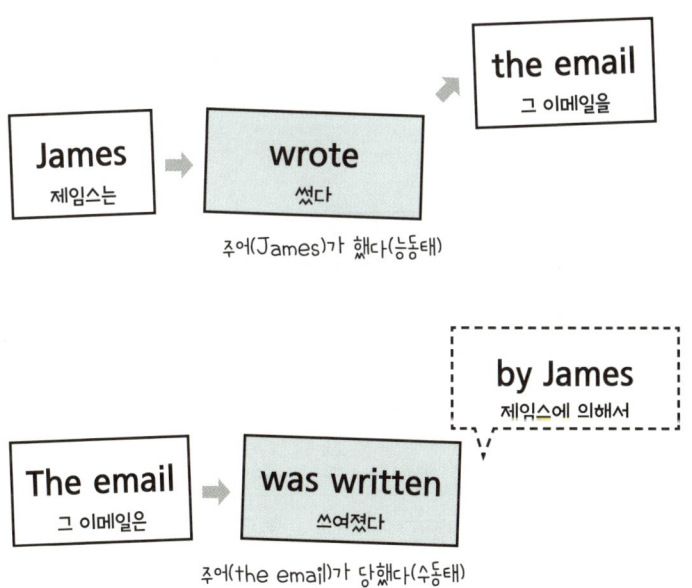

- 태(態)란 '모습'이라는 의미로 동사가 주어에 대해 어떤 모습을 하고 있는가를 말해요.
주어가 '하는 것'을 나타내는 동사의 모습이 <u>능동태</u>,
반대로 주어가 '당하는 것'을 나타내는 동사의 모습이 <u>수동태</u>예요.

동사 2 2

『 주어가 행위를 당한 것을 표현하기 위해서
동사를 수동태인 [be동사 + 과거분사형]으로 써요. 』

원형	현재형	과거형	과거분사형
build	build, builds	built	built

- 수동태는 행위자를 알 수 없거나, 행위자가 아니라 당한 자가 더 중요할 때 써요. 그래서 [by + 행위자] '~에 의해서'라는 말이 없을 때도 많아요.

동사 2 3

『 [be동사 + 과거분사형]에서 be동사만 주어에 따라, 시제에 따라 다르게 써요. 』

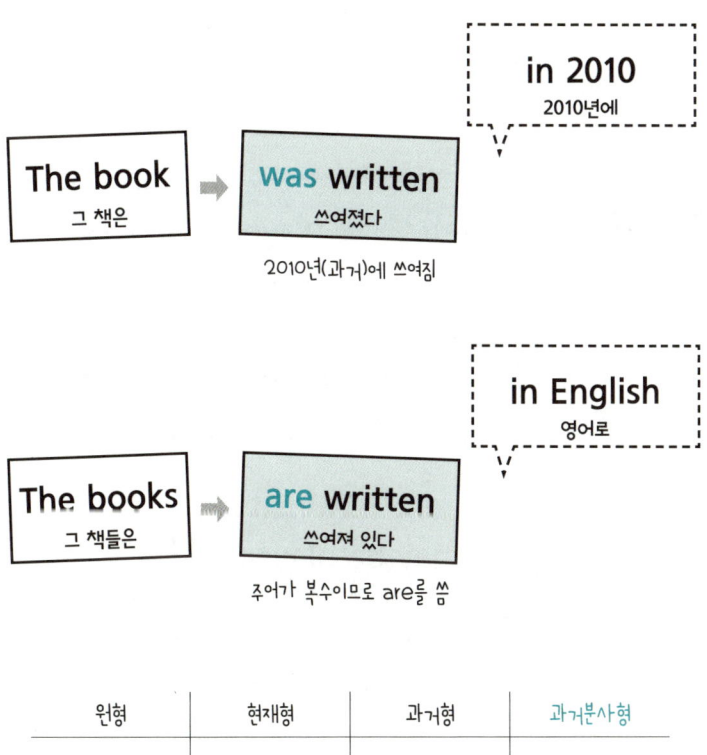

원형	현재형	과거형	과거분사형
write	write, writes	wrote	written

동사 2 4

『 [be동사 + 과거분사형]에서 be동사를 [조동사 + be]로 써서 다양한 의미를 만들 수 있어요. 』

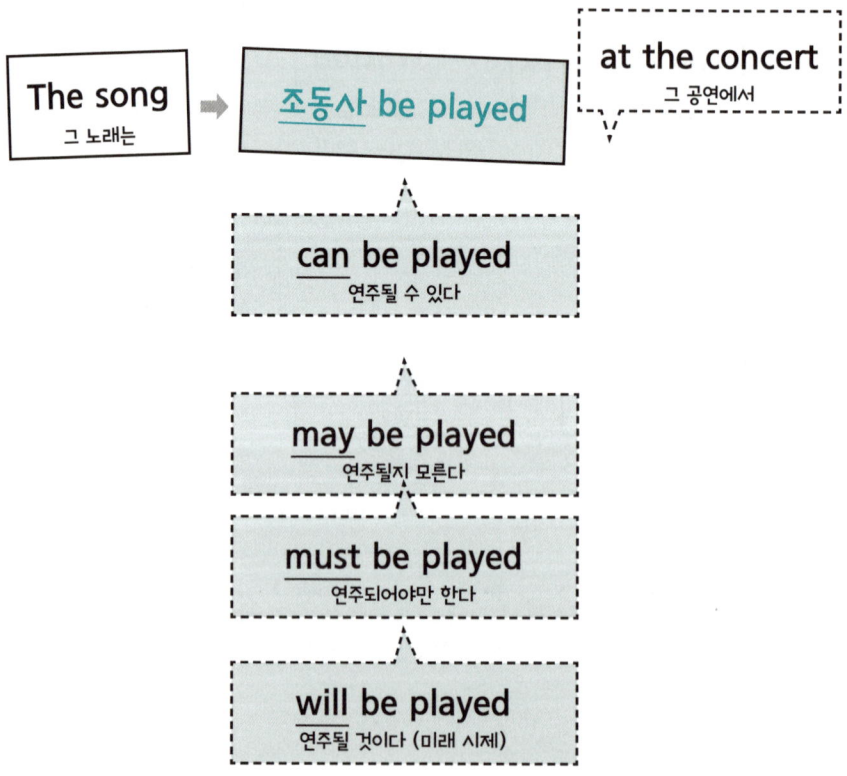

- 동사의 미래형은 [will + 원형] 이에요. 그래서 be동사의 미래형은 [will + be] 가 돼요.
- 조동사 뒤에는 항상 동사 원형을 써요.

동사 2 5

『[be동사 + 과거분사형]에서 be동사를 진행형으로 쓰면
[be동사 + being + 과거분사형]으로,
수동태의 진행 시제가 돼요.』

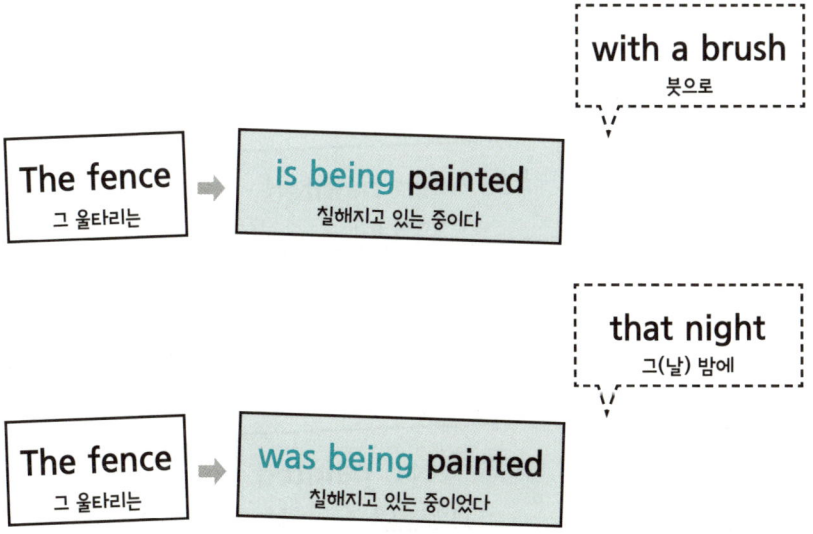

- 동사의 진행형은 [be동사 + 동사-ing]예요. 그래서 be동사의 진행형은 [be동사 + being]이 돼요.

동사 2 6

『 [be동사 + 과거분사형]에서 be동사를 완료형으로 쓰면
[have been + 과거분사형]의 수동태 완료 시제가 돼요. 』

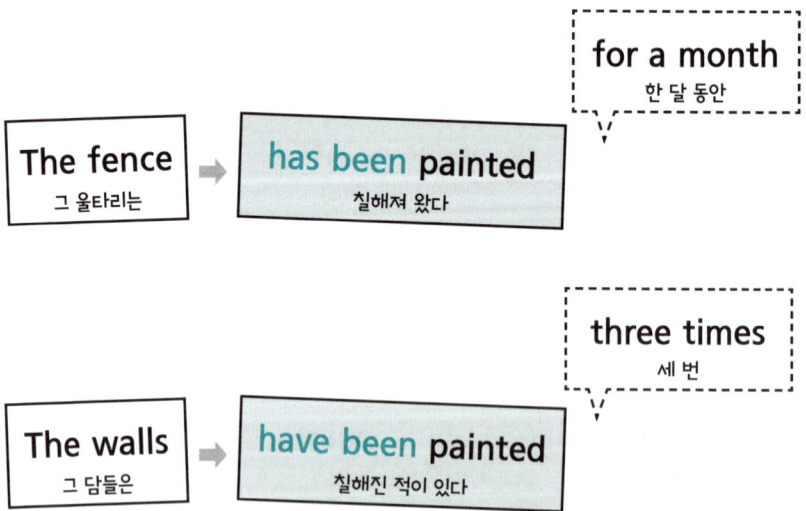

- 동사의 완료형은 [have/has + 과거분사형] 이므로, be동사의 완료형은 [have/has + been] 이에요.
  - 과거부터 '칠해지기' 시작하여, 현재까지 '칠해지고 있다' (계속)
  - 과거부터 현재까지 '세 번 칠해진 적이 있다' (경험)

동사 2 7

『 자, 이제 다음 4형식 문장(능동태)을
'그녀'를 주어로 하는 수동태 문장으로 만들어 볼까요? 』

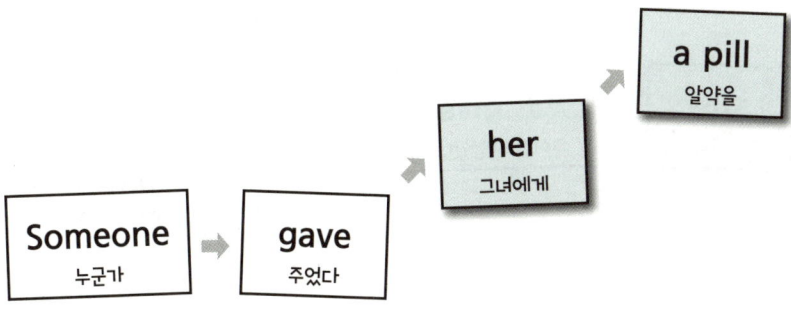

동사 2 8

『 '그녀'의 입장에서는
<u>주는 행위를 당했고</u>, 그래서 '무엇을' 받은 것이므로
동사를 수동태로 쓰고, 목적어('무엇을')를 뒤에 써요. 』

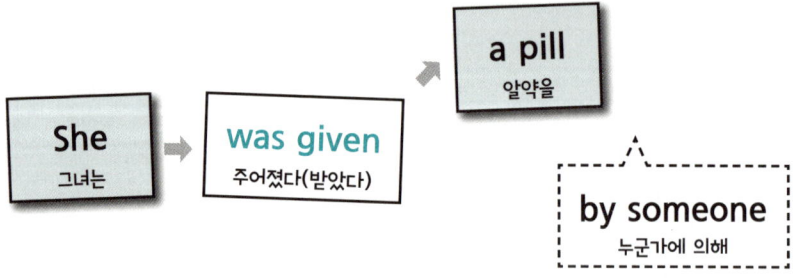

원형	현재형	과거형	과거분사형
give	give, gives	gave	given

- by someone이 중요하지 않다면 생략해요.
- 그녀는 알약을 받았다.

동사 2 9

『 '알약'의 입장에서 문장을 만들어 볼까요?
'알약'도 <u>주는 행위를 당했지만</u>, '무엇을' 받은 건 아니고,
'누구에게' 전달된 것이므로 <u>뒤에 목적어가 없어요</u>. 』

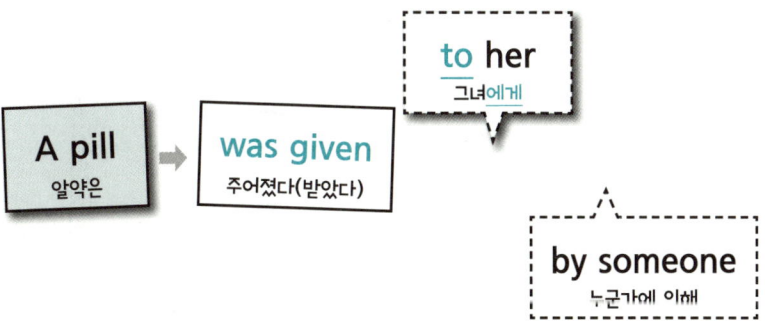

- 직접 목적어가 주어로 바뀌는 경우에는, 간접 목적어 앞에 전치사 to나 for를 써요.
- 알약이 그녀에게 주어졌다.

동사 2 10

『 '무엇을'에 해당하는 직접 목적어 자리에 명사절이 쓰인 경우를 살펴봐요. 』

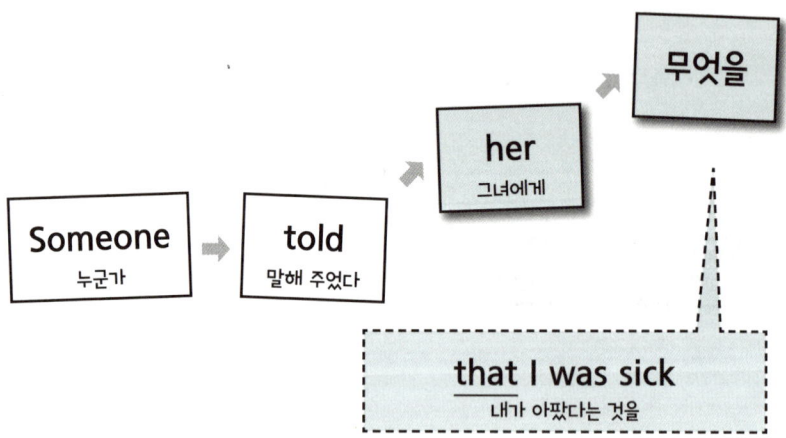

- 누군가 그녀에게 내가 아팠다는 것을 말해 주었다.

동사 2 11

『 명사절('무엇을')을 주어로 하는 수동태도 가능하며, '누구에게'(간접 목적어)를 주어로 하는 수동태 문장도 가능해요. 』

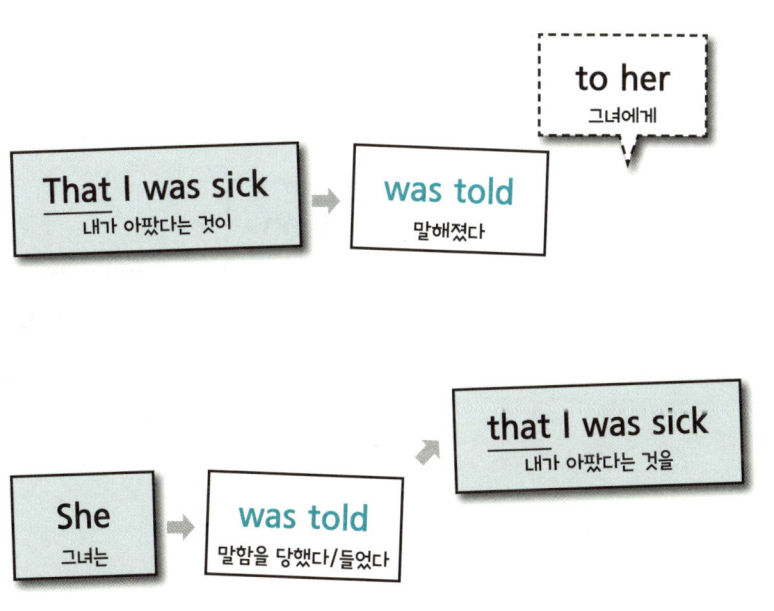

- 명사절도 명사처럼 작동한다는 것을 보여 주기 위해 that절을 주어로 쓴 수동태 문장을 제시했지만, 사실 명사절을 주어에 쓰기보다 가주어 it을 사용해요.
  → It was told (to her) that I was sick.

동사 2 | 12

『 자, 다음으로 5형식 문장(능동태)의 목적어를 주어로 하는 수동태 문장을 만들어 볼까요? 』

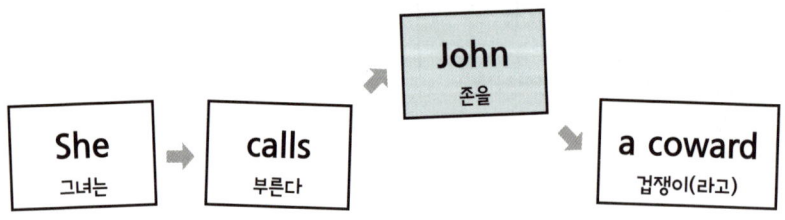

- 그녀는 존을 겁쟁이라고 부른다.

동사 2 13

『 John의 입장에서는 <u>부름을 당하는</u> 것으로,
동사를 수동태로 쓰고, 보어를 그 뒤에 써요. 』

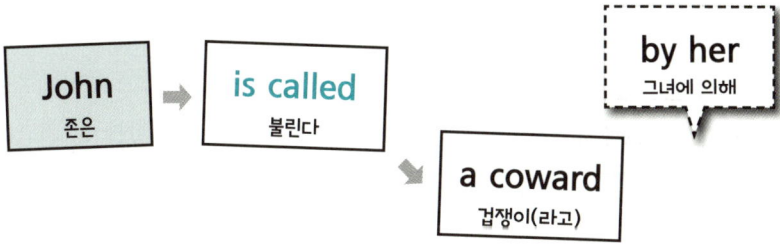

- 5형식 문장은 능동태를 기준으로 영어를 쉽게 이해하기 위한 구분이에요.
  수동태에서는 몇 형식인지 굳이 구분하지 않아요.

동사 2 14

『 이와 같이, 5형식 문장에서 목적격 보어로 쓰이는 모든 말들은 목적어를 주어로 쓴 수동태 문장에서도 그대로 뒤에 붙어요. 』

- Chapter 06 보어 2 (p.132~)를 참고하세요.

동사 2 15

『수동태 문장에서 <u>각각의 목적격 보어들이 그대로 쓰인 것을</u> 확인하세요. (단, <u>원형부정사는 to부정사로</u> 바꿔 써요.)』

Tom | was made | a singer (명사 보어) | (by Susan). (톰은 가수로 만들어졌다.)

Tom | was made | happy (형용사 보어) | (by Susan). (톰은 행복해졌다.)

Tom | was asked | to sing (to부정사 보어) | (by Susan). (톰은 노래하라고 부탁받았다.)

Tom | was seen | singing (분사 보어) | (by Susan). (톰이 노래하고 있는 것이 보였다.)

Tom | was made | <u>to</u> sing (to부정사 보어) | (by Susan). (톰은 노래하도록 시킴을 당했다.)

확인 문제 1

★ 밑줄 친 부분을 알맞은 형태로 빈칸에 넣으세요.

이것은 1950년에 <u>그려졌다</u>.
(그리다: draw - draw(s) - drew - drawn)

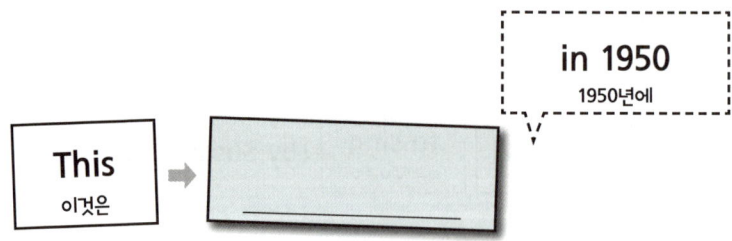

- 동사의 수동태는 [be동사 + 과거분사형]으로 써요.
- [be동사 + 과거분사형]에서 be동사를 주어에 맞게, 시제에 맞게 변화시켜요.

ANSWER was drawn

확인 문제 2

★ 밑줄 친 부분을 알맞은 형태로 빈칸에 넣으세요.

그 결과는 내일 게시될 것이다.
(게시하다: post - post(s) - posted - posted)

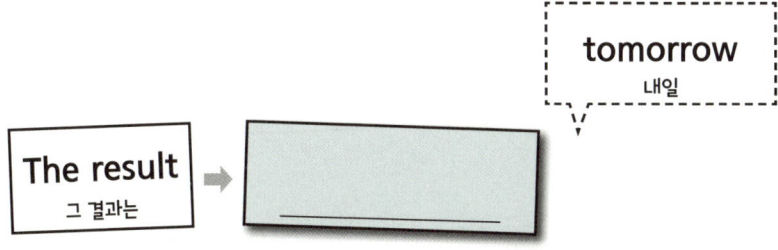

- [be동사 + 과거분사형]에서 be동사를 미래형인 'will be'로 바꾸면 수동태의 미래 시제가 돼요.

ANSWER will be posted

확인 문제 3

★ 밑줄 친 부분을 알맞은 형태로 빈칸에 넣으세요.

당신의 생각은 지금 <u>검토되고 있는</u> 중이에요.
(검토하다: review - review(s) - reviewed - reviewed)

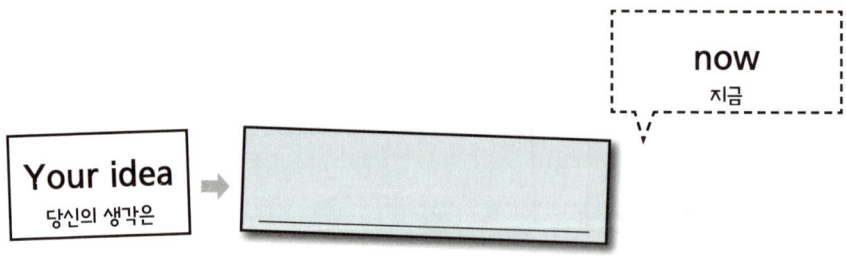

- [be동사 + 과거분사형]에서 be동사를 진행형인 [be동사 + being]으로 쓰면, 수동태의 진행 시제가 돼요.
- [be동사 + being + 과거분사형]에서 be동사는 주어에 맞추고, 시제에 맞춰요.

ANSWER is being reviewed

확인 문제 4

★ 밑줄 친 부분을 알맞은 형태로 빈칸에 넣으세요.

그 성은 3년 동안 <u>지어졌어요</u>.
(짓다: build – build(s) – built – built)

for 3 years
3년 동안

The castle
그 성은

- [be동사 + 과거분사형]에서 be동사를 완료형인 'have been'으로 쓰면, 수동태 완료 시제가 돼요.
- [have been + 과거분사형]에서 have는 주어에 맞추고, 시제에 맞춰요.

ANSWER has been built

내용 요약 동사 2 (수동태)

❶ 동사는 주어가 '하는 일'을 설명하기도 하지만, **당하는 일** 을 설명할 수도 있어요. 이런 동사의 형태를 **수동태** 라고 해요.

❷ 동사를 **be동사 + 과거분사형** 으로 쓰면 수동태가 돼요.

❸ 수동태의 시제는 **be동사** 를 변화시켜 표현해요.

수동태의 단순 시제	동사의 형태	의미
현재 시제	am/are/is + 과거분사형	~해져 있다
과거 시제	was/were + 과거분사형	~해졌다
미래 시제	will be + 과거분사형	~해질 것이다
현재 진행 시제	am/are/is + being + 과거분사형	~해지는 중이다
과거 진행 시제	was/were + being + 과거분사형	~해지는 중이었다

❹ 수동태의 완료 시제도 be동사를 완료형인 **have + been** 으로 만들면 돼요.

수동태의 완료 시제	동사의 형태	의미
현재 완료 시제	have/has + been + 과거분사형	~해져 왔다
과거 완료 시제	had been + 과거분사형	~해져 왔었다
미래 완료 시제	will have been + 과거분사형	~해졌을 것이다

내용 확인
이 Chapter에서 배운 중요 내용을 빈칸을 채우며 확인하세요.

❶ 동사는 주어가 '하는 일'을 설명하기도 하지만, _____을 설명할 수도 있어요.

이런 동사의 형태를 _____라고 해요.

❷ 동사를 _____으로 쓰면 수동태가 돼요.

❸ 수동태의 시제는 _____를 변화시켜 표현해요.

수동태의 단순 시제	동사의 형태	의미
현재 시제		~해져 있다
과거 시제		~해졌다
미래 시제		~해질 것이다
현재 진행 시제		~해지는 중이다
과거 진행 시제		~해지는 중이었다

❹ 수동태의 완료 시제도 be동사를 완료형인 _____으로 만들면 돼요.

수동태의 완료 시제	동사의 형태	의미
현재 완료 시제		~해져 왔다
과거 완료 시제		~해져 왔었다
미래 완료 시제		~해졌을 것이다

CHAPTER 09
형용사적 수식어

형용사적 수식어는 명사를 수식하는 역할을 해요.

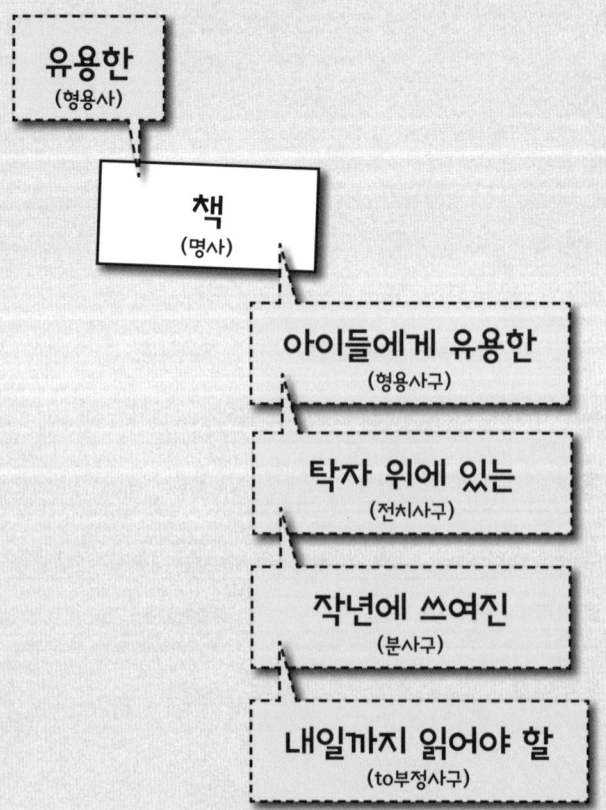

형용사적 수식어 1

『 명사는 동사를 제외한 모든 자리에 쓰일 수 있어요.
이런 명사를 수식하는 말이 형용사적 수식어예요. 』

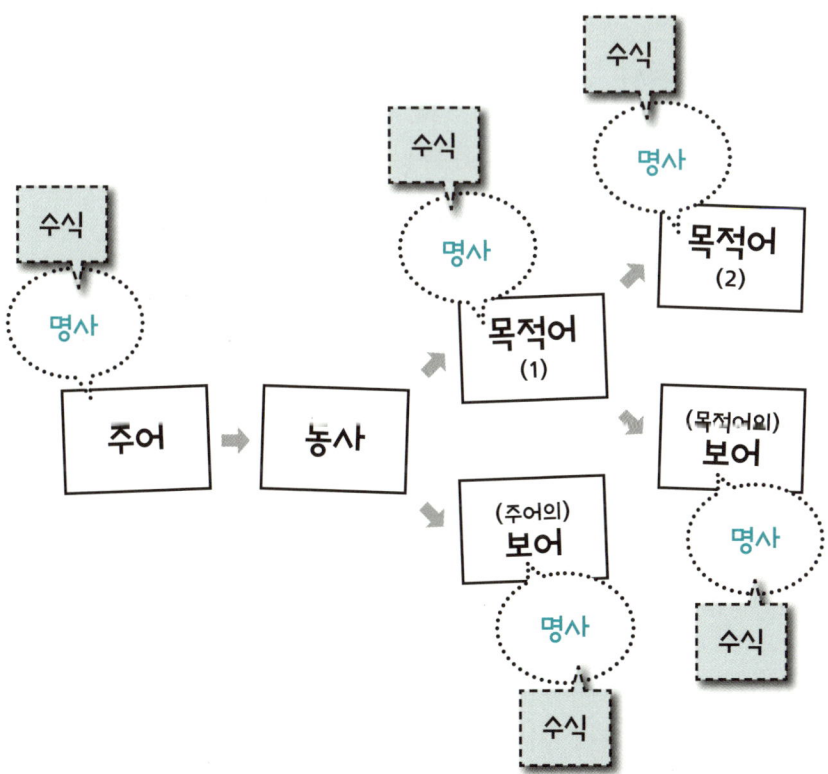

형용사적 수식어 2

『 가장 기본적인 형용사적 수식어는 형용사이며, 주로 명사 바로 앞에서 명사를 수식해요. 』

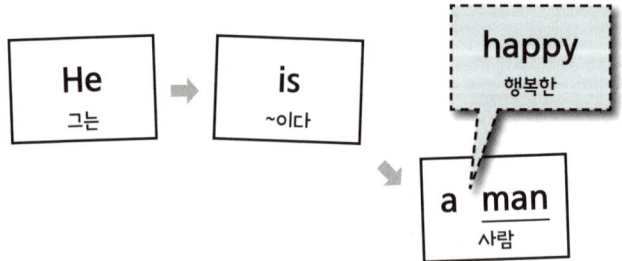

형용사적 수식어 3

『 하지만, [형용사 + 전치사구]와 같은 형용사구라면 명사의 뒤에서 명사를 수식해요. 』

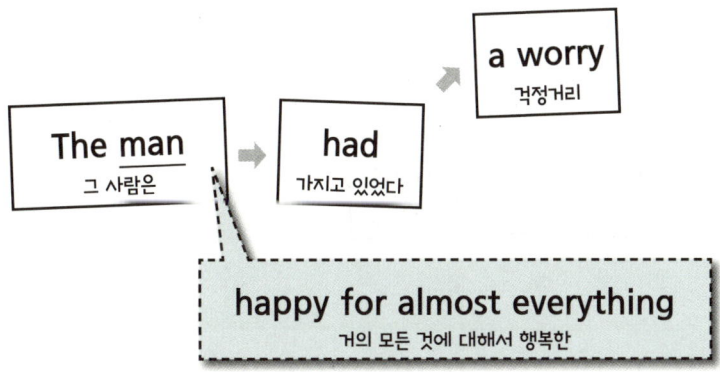

- 거의 모든 것에 대해 행복한 그 사람은 걱정거리가 하나 있었다.

형용사적 수식어 4

『 그리고, '-thing', '-body', '-one'으로 끝나는 명사는 어떤 형용사라도 항상 뒤에서 수식해요. 』

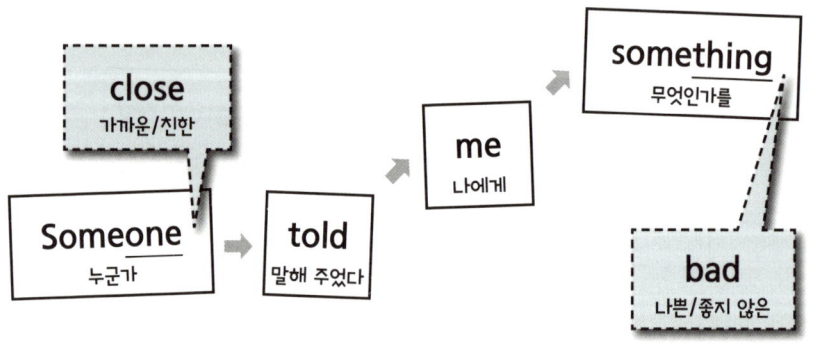

- 친한 누군가가 나에게 좋지 않은 무엇인가를 말해 주었다. (4형식)

형용사적 수식어 5

『 형용사 이외에도, 전치사구가 형용사 역할을 할 수 있어요.
전치사구는 명사 뒤에서 명사를 수식해요. 』

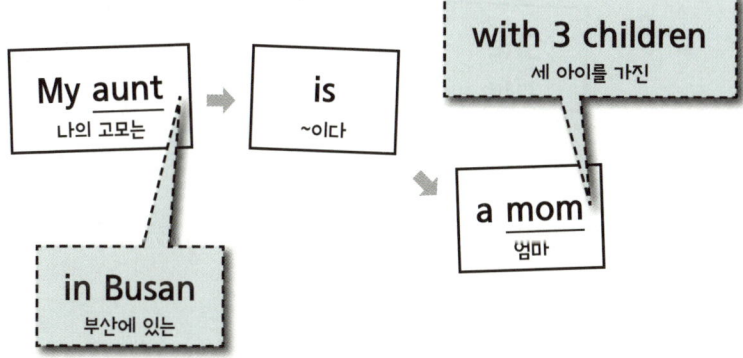

형용사적 수식어 6

『앞서 배웠듯이, 분사도 형용사 역할을 할 수 있어요. 형용사처럼 명사 앞에서 명사를 수식하기도 하지만, 』

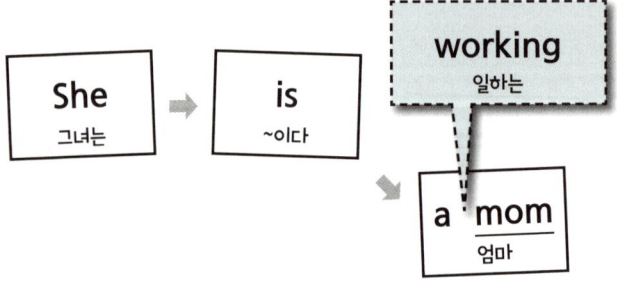

- 동사를 형용사처럼 쓰고 싶을 때 (하다 → ~하는, ~한, ~당한), 동사에 -ing를 붙이거나(현재분사) 동사의 과거분사형(과거분사)을 써서 분사로 만들어요.
- Chapter 05 보어 1 6 ~ 11 (p.120~125)을 참고하세요.

형용사적 수식어 7

『 동사로 만든 분사는 뒤에 목적어, 전치사구, 부사를 쓸 수 있고, 그렇게 분사구가 되면, 명사 뒤에서 명사를 수식해요. 』

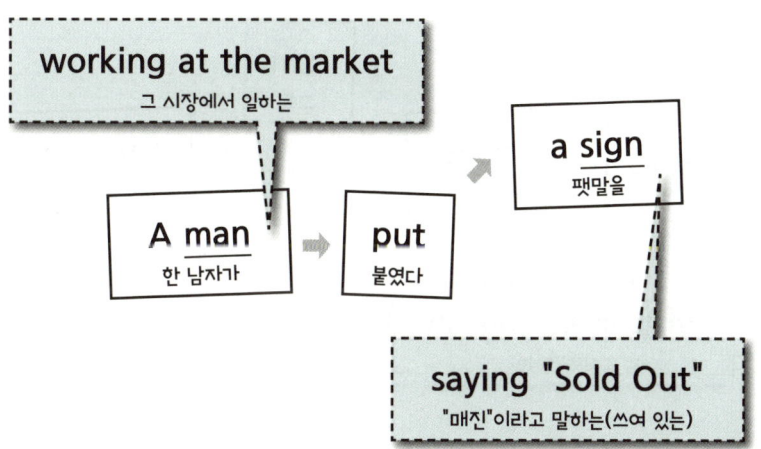

- 그 시장에서 일하는 한 남자가 "매진"이라고 쓰여 있는 팻말을 붙였다.

형용사적 수식어 8

『 명사가 그 일을 당하는 경우에는 현재분사(-ing)가 아닌, 과거분사를 써요. 』

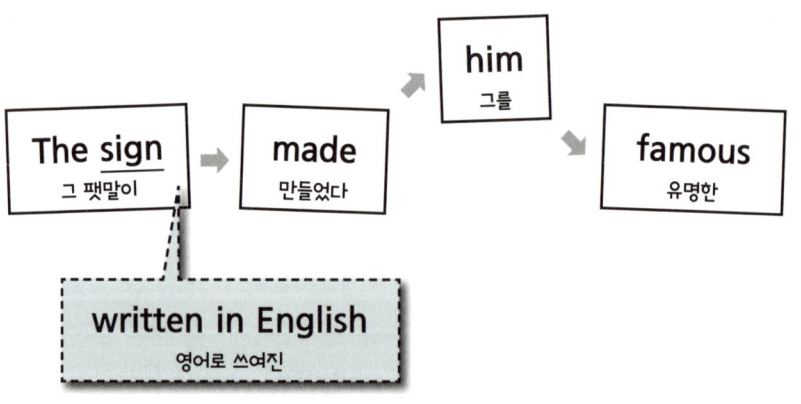

- 영어로 쓰여진 그 팻말이 그를 유명하게 만들었다. (5형식)

형용사적 수식어 9

『 명사 수식 분사는 명사와의 관계를 잘 판단해야 해요. 자, 아래 빈칸에 어떤 분사를 쓸지 생각해 볼까요? 』

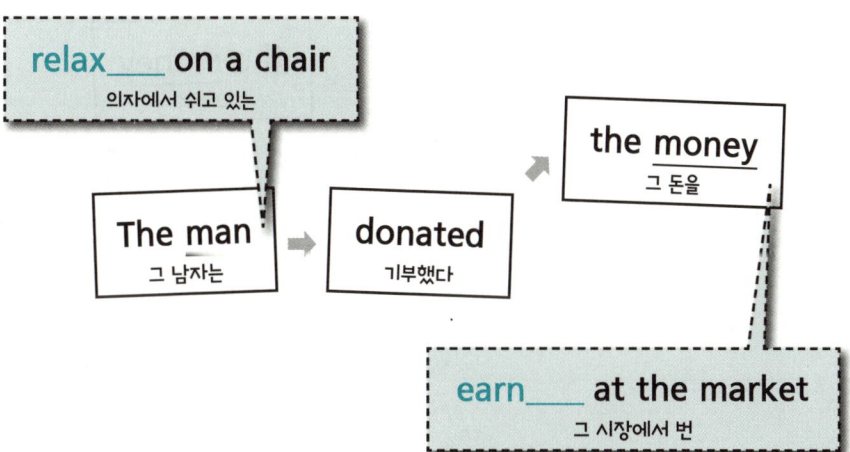

형용사적 수식어 10

『 '그 남자'가 relax(쉬다)하는 것이므로 현재분사를 쓰고, '그 돈'은 earn(벌다)을 당하는 것으로 과거분사를 써야 해요. 』

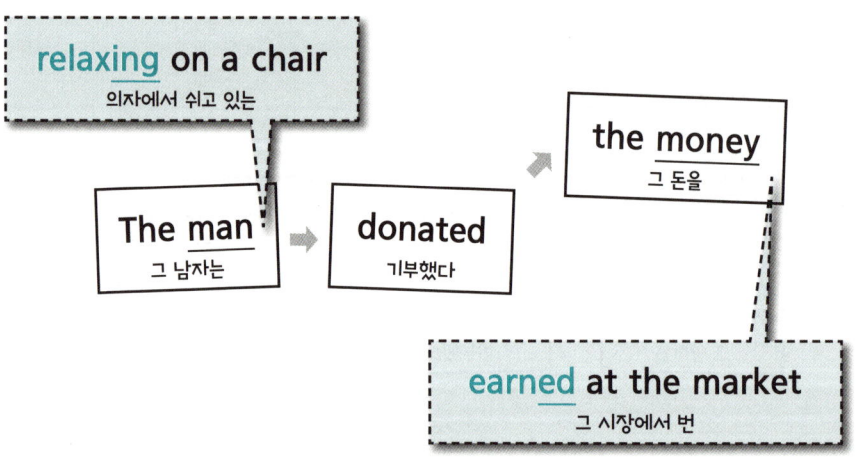

- 의자에서 쉬고 있는 그 남자는 그 시장에서 번 그 돈을 기부했다. (3형식)

형용사적 수식어 11

『 형용사(구), 전치사구, 분사 이외에
to부정사도 명사를 꾸미는 역할을 할 수 있어요. 』

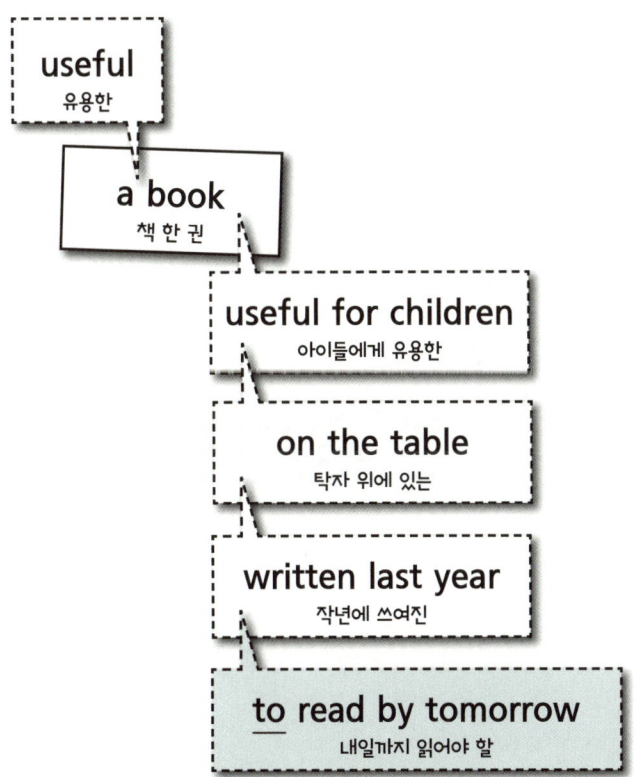

형용사적 수식어 12

『 지금까지, 동사를 명사처럼 쓰고 싶을 때 [to + 동사 원형]의 형태로 만든다는 것은 앞에서 배웠어요. 』

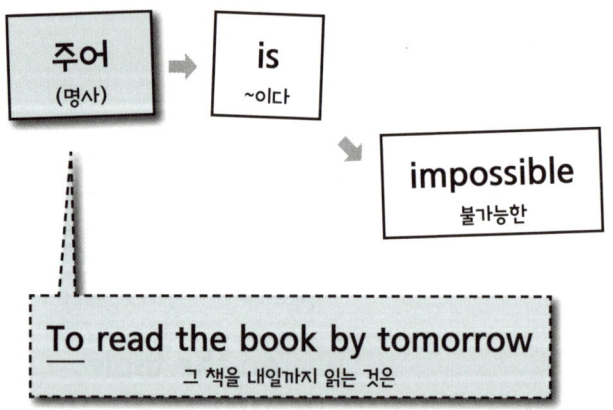

형용사적 수식어 13

『 그런데 사실, 부정사는 '정해지지 않은 품사'라는 의미로,
한 가지 품사로 정해진 것이 아니라,
명사로도, 형용사로도, 부사로도 쓸 수 있는 말이에요. 』

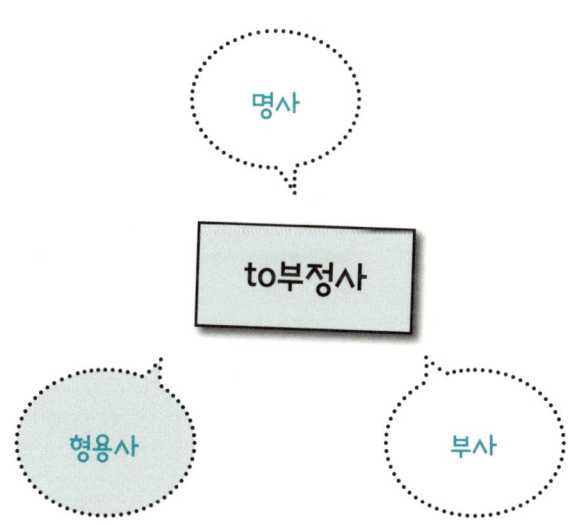

• to부정사의 부사적인 쓰임은
Chapter 11 부사적 수식어 5 ~ 16 (p.251~262)에서 자세히 배워요.

형용사적 수식어 14

『그래서 to부정사를 <u>형용사적</u>으로 쓸 수 있고, 그때는, '<u>~할</u>', '<u>~해야 할</u>'과 같은 의미가 돼요.』

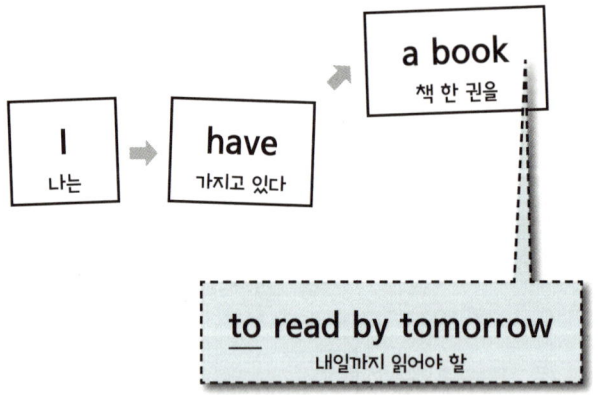

형용사적 수식어 15

『 분사의 경우, 꾸밈을 받는 명사가
그 일을 '하는' 것이거나, 그 일을 '당하는' 것이에요. 』

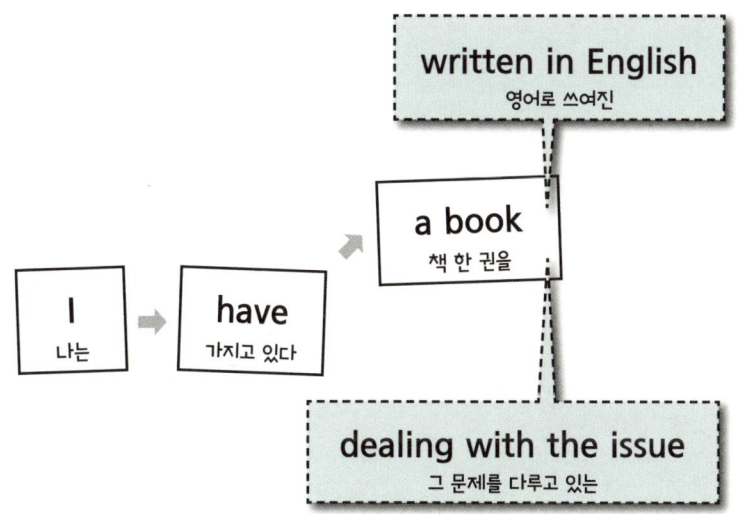

- 책이 영어로 쓰여져 있고(수동: 당하는), 책이 그 문제를 다루고(능동: 하는) 있어요.

형용사적 수식어 16

『 하지만 to부정사는 그 일을 하는 주체가 문장의 주어이고, 꾸밈을 받는 명사가 to부정사의 목적어인 경우가 많아요. 』

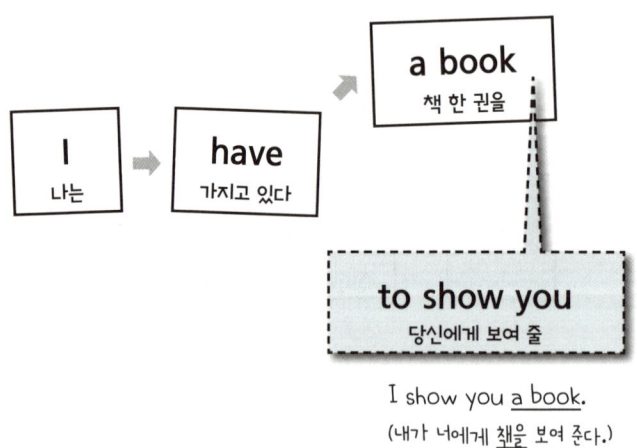

I show you a book.
(내가 너에게 책을 보여 준다.)

- 문장의 주어와 to부정사의 의미상 주어가 같아요.

형용사적 수식어 17

『 to부정사의 <u>행위를 하는 것이 문장의 주어가 아닌 경우</u>,
<u>to부정사 앞에 [for + 행위자]를 넣으면 돼요.</u> 』

- 문장의 주어와 to부정사의 의미상 주어가 달라요.
- to부정사의 의미상 주어는 to read를 하는 사람, 즉 you예요.

확인 문제 1

★ 밑줄 친 부분이 들어갈 알맞은 자리를 골라 볼까요?

그녀는 <u>유용한</u> 책 한 권을 샀다.
(useful: 유용한)

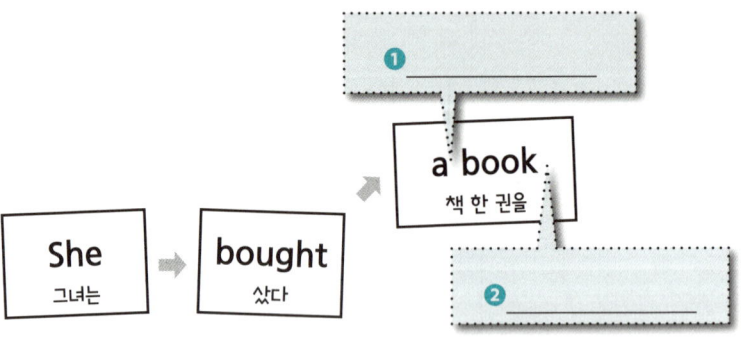

■ 형용사는 명사 바로 앞에서 명사를 수식해요.

ANSWER ❶ useful

확인 문제 2

★ 밑줄 친 부분이 들어갈 알맞은 자리를 골라 볼까요?

그녀는 아이들에게 유용한 책 한 권을 샀다.
(useful for children: 아이들에게 유용한)

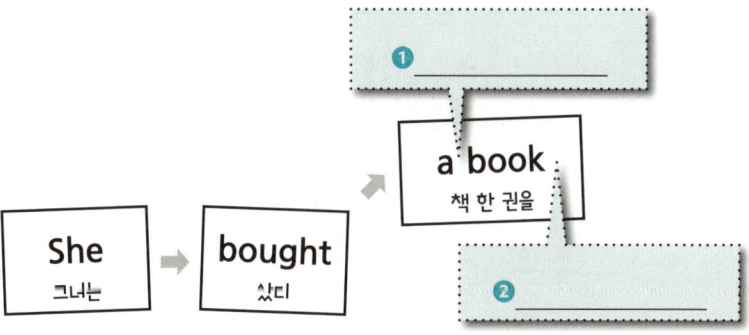

- [형용사 + 전치사구]의 형태인 형용사구는 명사 뒤에서 명사를 수식해요.

ANSWER ❷ useful for children

확인 문제 3

★ 밑줄 친 부분이 들어갈 알맞은 자리를 골라 볼까요?

그들이 사야 하는 그 책은 일본어로 쓰여져 있어요.
(buy: 사다, them: 그들)

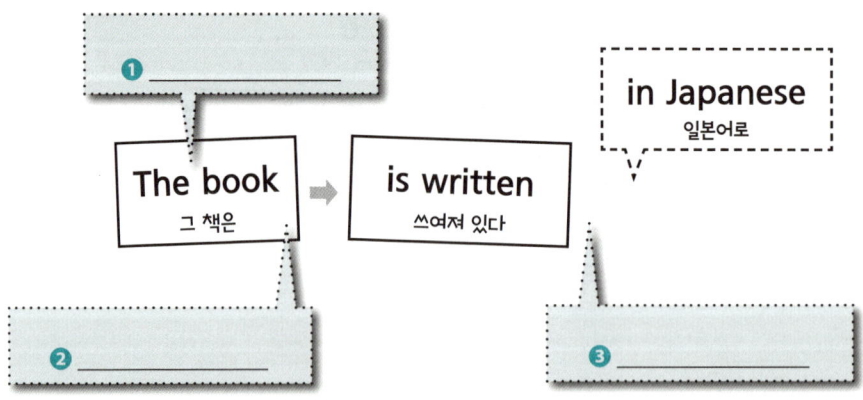

- to부정사를 형용사적으로 사용할 때 '~할', '~해야 할'이라는 의미가 돼요.
- to부정사의 그 행위를 실제로 하는 의미상 주어를 넣을 때는 부정사 앞에 [for + 행위자]의 형태로 넣어요.

ANSWER ❷ for them to buy

확인 문제 4

★ 밑줄 친 부분을 알맞은 형태로 알맞은 자리에 넣어 보세요.

그는 <u>비단으로 덮인</u> 책을 샀어요.
(cover with silk: 비단으로 덮다)

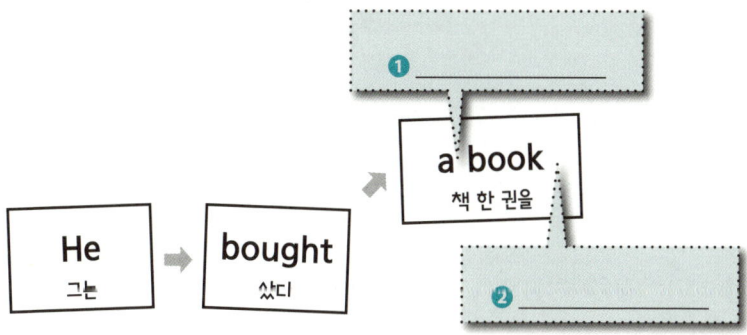

- 동사로 만들어진 분사도 명사를 수식하는 형용사 역할을 할 수 있어요.
- 명사와의 관계가 능동적이면 현재분사(-ing)를, 수동적(당하는 것이면)이면 과거분사(과거분사형)를 써요.

ANSWER ❷ covered with silk

내용 요약   형용사적 수식어 (형용사, 전치사구, 분사, to부정사)

❶ 형용사적 수식어는 **명사를 수식** 하는 말들이에요.

❷ 가장 기본적인 형용사적 수식어는 **형용사** 로, **명사 바로 앞** 에서 명사를 꾸며 줘요. 하지만, **[형용사 + 전치사구]** 와 같은 형용사구는 **명사 뒤** 에서 명사를 꾸며요.

❸ something, anybody, anyone과 같이 **-thing** , **-body** , **-one** 으로 끝나는 명사는, 어떤 형용사라도, 즉 형용사구가 아니더라도 항상 **명사 뒤** 에서 수식해요.

❹ **전치사구** 도 명사 뒤에서 명사를 꾸미는 형용사적 수식어로 써요.

❺ 동사를 형용사처럼 쓰기 위해서 만든 **분사** 도 형용사와 같은 역할을 해요.

❻ 분사는 형용사처럼 단독으로 쓸 때는 명사 앞에 쓰지만, [분사 + 목적어 + 전치사구]와 같은 **분사구** 는 명사 뒤에서 수식해요.

❼ 분사는 **현재분사** 와 **과거분사** 가 있어요. '~하는 명사', 즉 명사가 '동사'를 하는 것이라면 **동사-ing** 의 형태인 현재분사를 써요. 반면, '~된, 당한 명사', 즉 명사가 '동사'를 당하는 것이라면 **과거분사형** 인 과거분사를 써요.

❽ to부정사는 명사의 역할뿐 아니라, **형용사** 와 **부사** 의 역할도 해요. to부정사가 명사를 수식할 때는 **'~할'** 또는 **'~해야 할'** 과 같은 의미가 돼요.

내용 확인 이 Chapter에서 배운 중요 내용을 빈칸을 채우며 확인하세요.

❶ 형용사적 수식어는 _____ 하는 말들이에요.

❷ 가장 기본적인 형용사적 수식어는 _____로, _____에서 명사를 꾸며 줘요. 하지만, _____와 같은 형용사구는 _____에서 명사를 꾸며요.

❸ something, anybody, anyone과 같이 _____, _____, _____으로 끝나는 명사는, 어떤 형용사라도, 즉 형용사구가 아니더라도 항상 _____에서 수식해요.

❹ _____도 명사 뒤에서 명사를 꾸미는 형용사적 수식어로 써요.

❺ 동사를 형용사처럼 쓰기 위해서 만든 _____도 형용사와 같은 역할을 해요.

❻ 분사는 형용사처럼 단독으로 쓸 때는 명사 앞에 쓰지만, [분사 + 목적어 + 전치사구]와 같은 _____는 명사 뒤에서 수식해요.

❼ 분사는 _____와 _____가 있어요. '~하는 명사', 즉 명사가 '동사'를 하는 것이라면 _____의 형태인 현재분사를 써요. 반면, '~된, 당한 명사', 즉 명사가 '동사'를 당하는 것이라면 _____인 과거분사를 써요.

❽ to부정사는 명사의 역할뿐 아니라, _____와 _____의 역할도 해요. to부정사가 명사를 수식할 때는 _____ 또는 _____과 같은 의미가 돼요.

CHAPTER 10
형용사절

형용사, 전치사구, 분사, to부정사 이외에 명사를 수식하는 말들을 배워요.

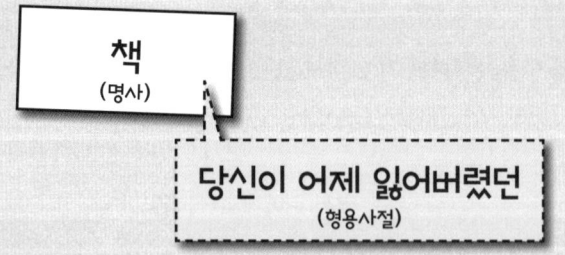

책
(명사)

당신이 어제 잃어버렸던
(형용사절)

형용사절 1

『 형용사, 전치사구, 분사, to부정사 외에, 문장 전체가 형용사 역할을 할 수도 있어요. 』

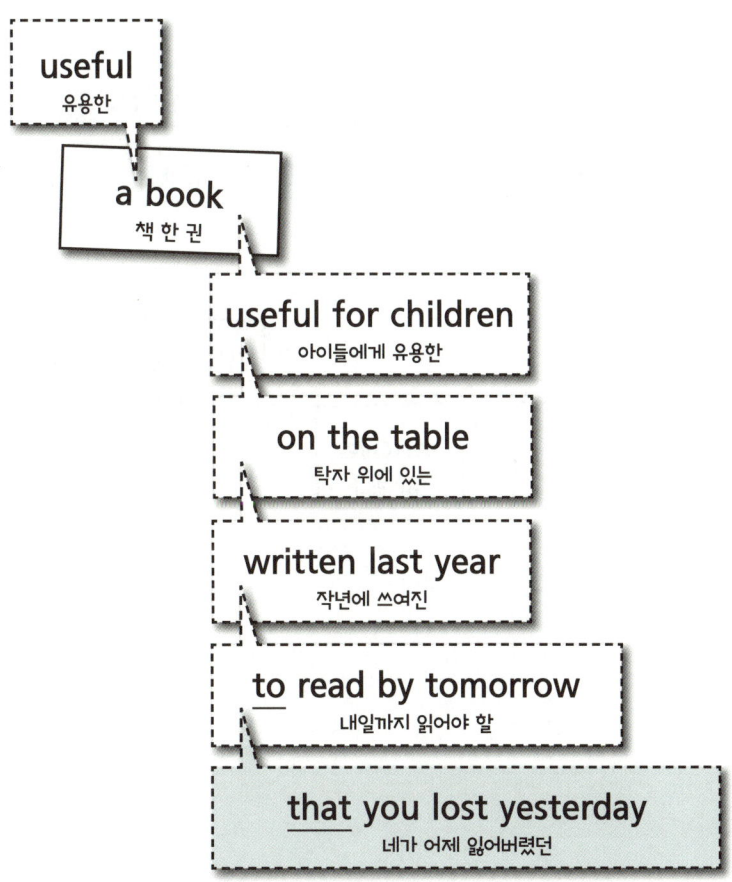

- 형용사 역할을 하는 문장(절)을 형용사절이라고 불러요.

형용사절 2

『 문장 전체를 명사로 쓰려고 할 때,
문장 앞에 that과 같은 접속사를 붙이죠? 』

형용사절 3

『 문장 전체를 형용사로 쓸 때도 접속사 that을 붙여요. 』

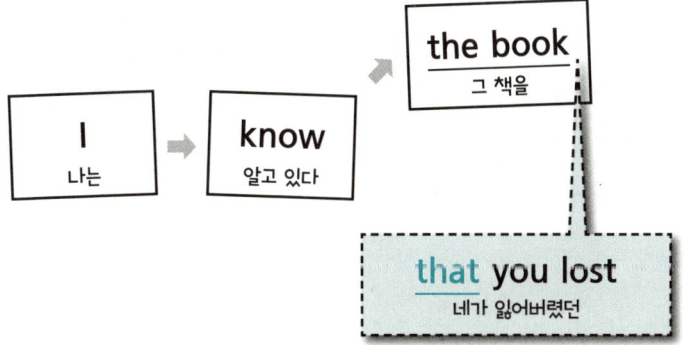

형용사절 4

『눈치챘나요? 명사절로 쓰인 that절 안에는 주어, 동사, 목적어가 있는(3형식) 완전한 문장이 있지만,』

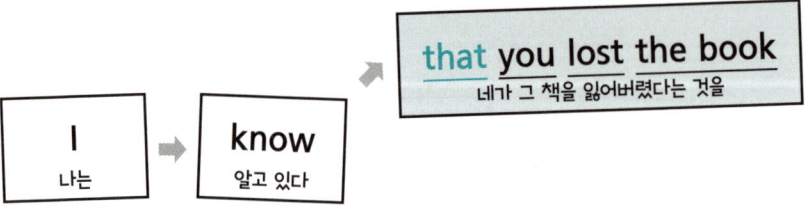

형용사절 5

『 형용사절 안에는 목적어인 the book이 없어요. 왜냐하면 그 목적어가 바로, 수식하고 있는 명사이기 때문이고, 그래서 '당신이 잃어버린'이라는 형용사의 의미가 돼요. 』

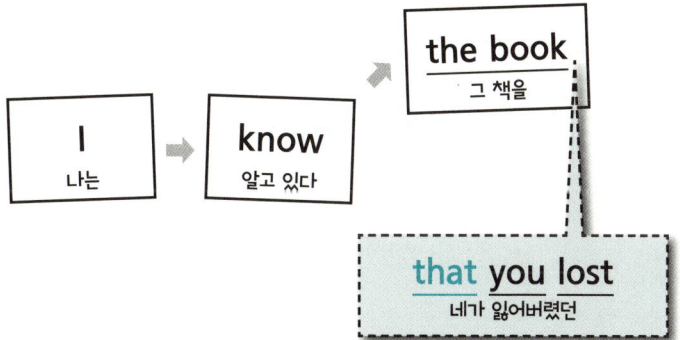

형용사절 6

『 이렇게, 꾸밈을 받는 명사가 형용사절의 한 구성 요소가 되는 관계를 만드는 대명사라서 that을 관계 대명사라고 불러요. 』

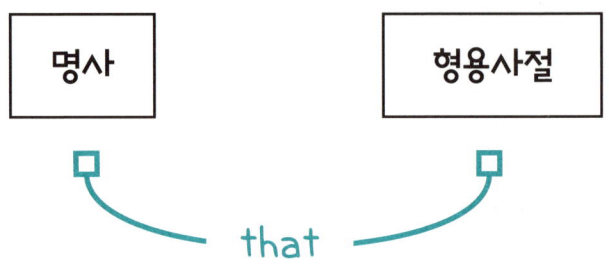

관계를 만들어 주는 대명사 (관계 대명사)

• 형용사절의 꾸밈을 받는 명사를 선행사라고 불러요.

형용사절 7

『 앞서 본 예문에서처럼,
꾸밈을 받는 명사(선행사)가 형용사절의 목적어인 경우,
관계 대명사를 목적격 관계 대명사라고 불러요. 』

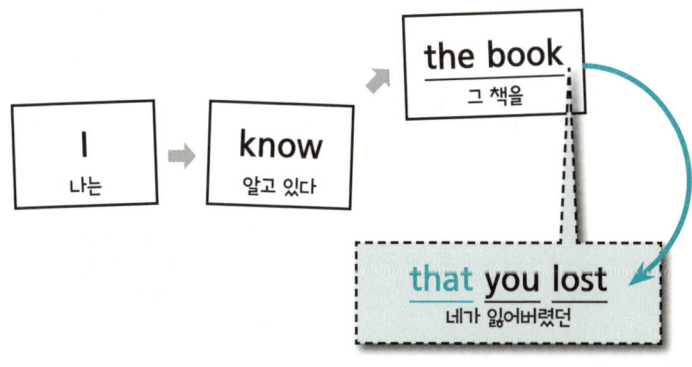

- 목적격 관계 대명사는 종종 생략해요.
그래서 명사 뒤에 [주어 + 동사 ~]가 나오면 관계 대명사가 생략된 경우가 많고,
이때 [주어 + 동사 ~]를 형용사절로 해석해야 해요.

형용사절 8

『 꾸밈을 받는 명사(선행사)는 형용사절의 목적어가 아니라, 주어도 될 수 있어요. 이때 that은 주격 관계 대명사라고 해요. 』

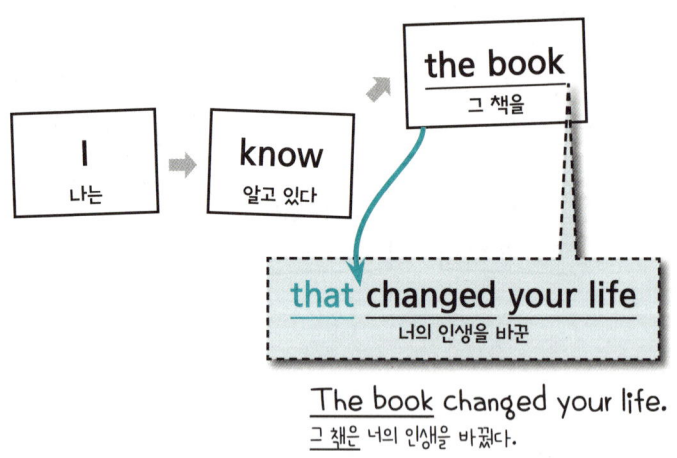

The book changed your life.
그 책은 너의 인생을 바꿨다.

- 주격 관계 대명사는 생략하지 않아요.

형용사절 9

『 꾸밈을 받는 명사(선행사)가 사람인 경우에는 that 대신, 관계 대명사 who를 쓸 수 있어요. 』

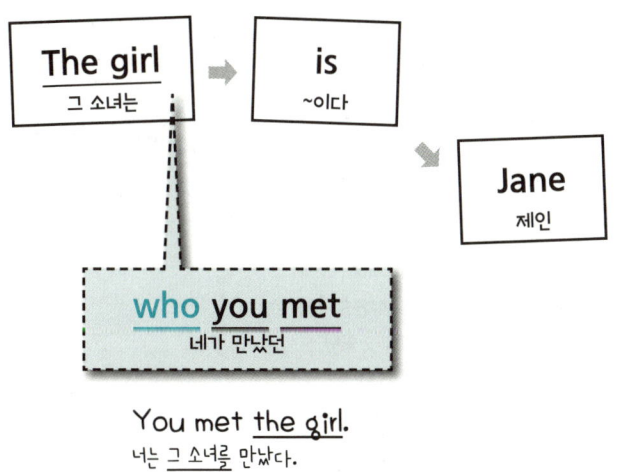

- 목적격 관계 대명사 who도 생략 가능해요.

형용사절 10

『 꾸밈을 받는 명사(선행사)가 사물이나 동물이면 that 대신, 관계 대명사 which를 쓸 수 있어요. 』

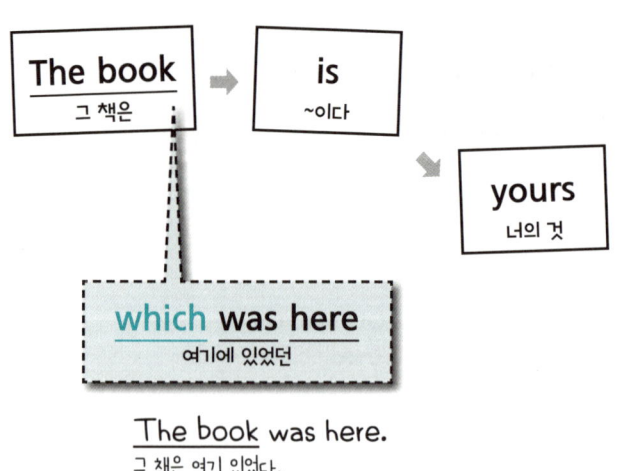

The book was here.
그 책은 여기 있었다.

• 주격 관계 대명사

형용사절 11

『 자, 이번에는 선행사가 장소일 경우인데요.
다음 두 형용사절을 비교해 보세요. 』

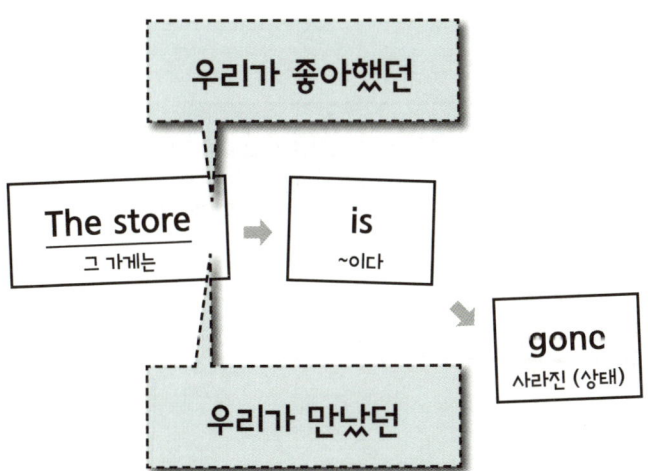

형용사절 12

『 첫 번째는, '우리는 그 가게를 좋아해'라는 의미로, '그 가게(선행사)'가 형용사절의 목적어인 관계죠? 그래서 관계 대명사 that이나 which로 쓸 수 있어요. 』

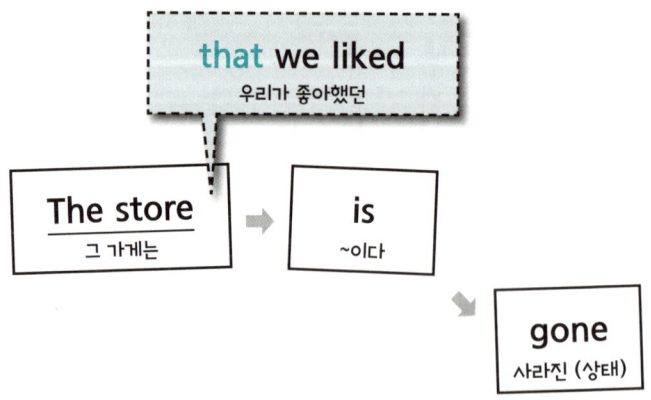

We liked the store. (the store: 목적어)
우리는 그 가게를 좋아했다.

• 목적격 관계 대명사

형용사절 13

『하지만, 두 번째는 선행사가 형용사절의 목적어가 되면 '우리가 그 가게를 만났다'라는 이상한 의미가 되어 버려요.』

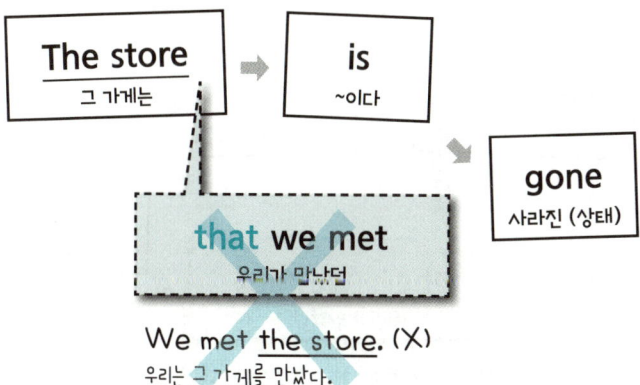

We met the store. (X)
우리는 그 가게를 만났다.

형용사절 14

『'가게를(목적어)' 만난 것이 아니라, '가게에서(부사)' 만난 것이 되어야겠죠? 그래서 이때는 관계 부사 where를 써요.』

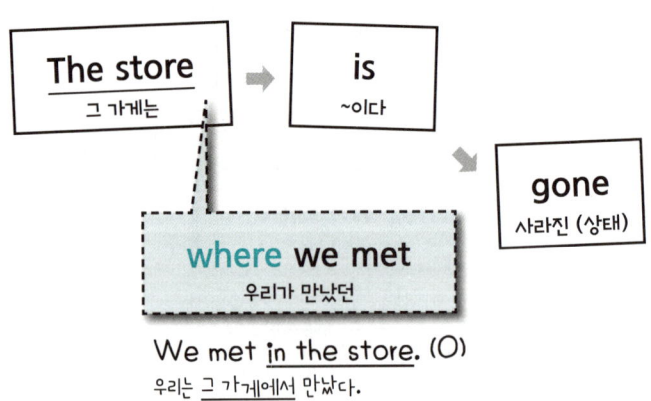

- 관계 부사는 선행사가 형용사절의 부사, 전치사구가 되는 관계를 나타내요.

형용사절 15

『 선행사가 시간이며, 형용사절의 부사적 의미라면, 관계 부사 when을 써요. 』

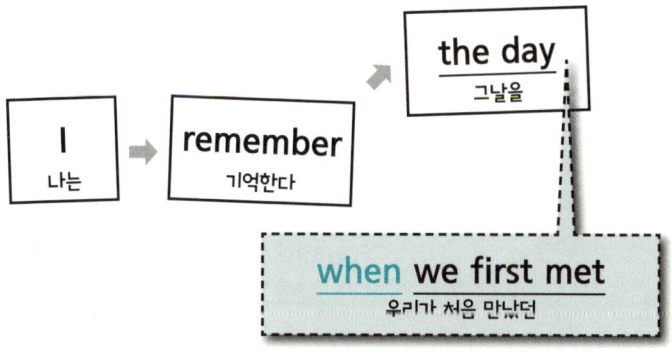

We met on the day.
우리는 그날에 만났다.

형용사절 16

『 선행사가 reason(이유)인 경우, 관계 부사 why를 써요. 』

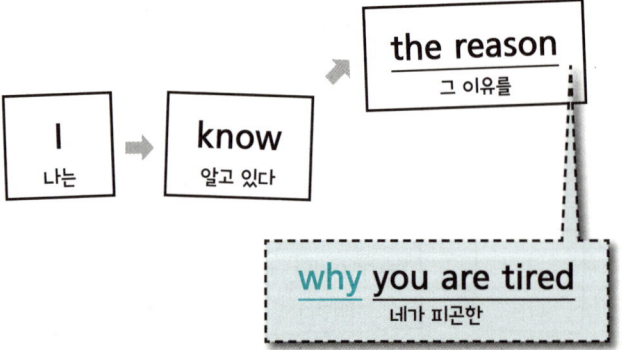

You are tired because of the reason.
당신은 그 이유 때문에 피곤하다.

형용사절 17

『 관계 부사가 이끄는 절을, 선행사 빼고 그 자리에 넣어서, 의문사절(명사절)로 쓸 수도 있어요. 』

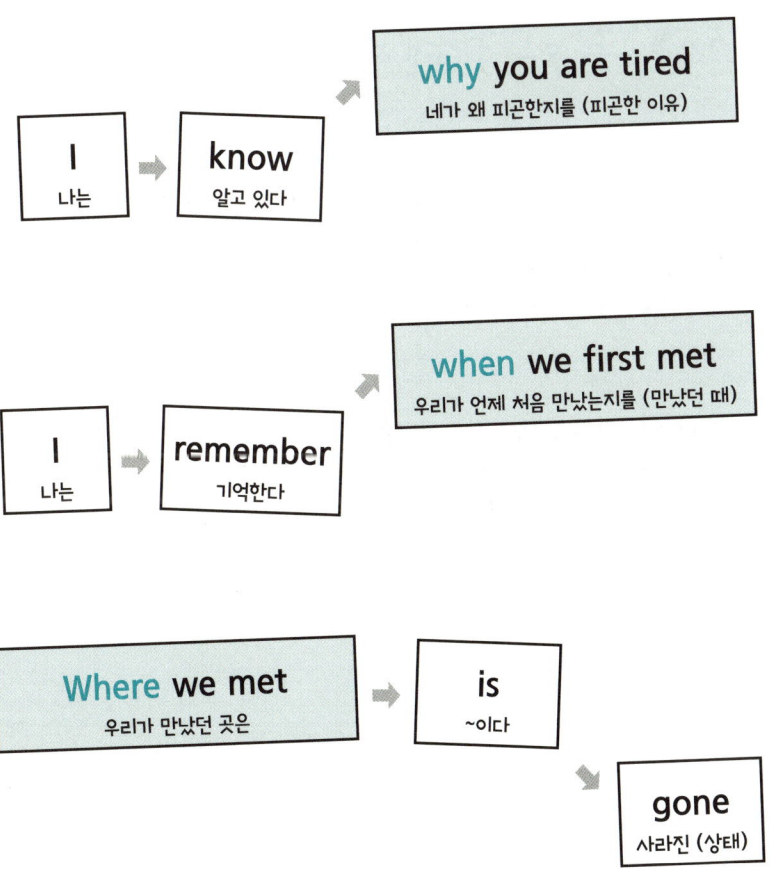

형용사절 18

『 관계대명사 who, which 앞에 쉼표(,)가 있을 때는 '그리고 ~은' 또는 '그런데 ~은'과 같이 해석하며, 』

I met | a friend |, | who | forgot my name.

나는 내 이름을 잊어버린 친구를 만났다. (X)
→ 나는 친구를 만났다, 그런데 그는 내 이름을 잊어버렸다. (O)

I fixed | the bike |, | which | works well now.

나는 이제 잘 작동하는 그 자전거를 고쳤다. (X)
→ 나는 자전거를 고쳤다, 그리고 그것은 이제 잘 작동한다. (O)

형용사절 19

『 관계부사 when, where 앞에 쉼표(,)가 있을 때는 '그리고[그런데] 그때' 또는 '그리고[그런데] 거기서'로 해석해요. 』

Jane came on | Monday |, | when | I first met her.

제인이 내가 그녀(제인)를 처음 만난 월요일에 왔다. (X)
→ 제인은 월요일에 왔다, 그리고 그때 나는 그녀를 처음 만났다. (O)

I went to | a store |, | where | I met Jane.

나는 제인을 만났던 가게에 갔다. (X)
→ 나는 가게에 갔다, 그런데 거기서 제인을 만났다. (O)

- 이와 같이 관계사 앞에 쉼표(,)가 있을 때, 관계사의 계속적 용법이라고 해요.

확인 문제 1

★ 밑줄 친 부분을 알맞은 자리에 알맞은 형태로 넣어 볼까요?

그녀가 가져왔던 그 케이크는 맛있었다.
(the cake: 그 케이크, bring-brought: 가져오다-가져왔다)

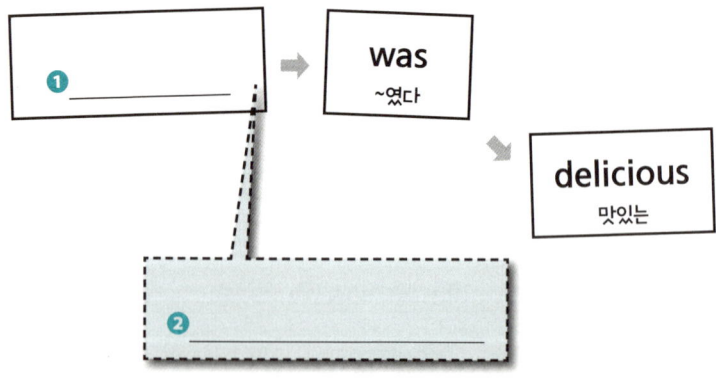

- 수식하는 말과 수식받는 말(명사)을 구분하고, 주어 자리에 쓸 명사를 먼저 ❶에 써요.
- 수식하는 말(그녀가 가져왔던)은 형용사절로, 선행사인 '케이크'가 형용사절의 목적어예요.

ANSWER ❶ The cake ❷ (that/which) she brought

확인 문제 2

★ 밑줄 친 부분을 알맞은 자리에 알맞은 형태로 넣어 볼까요?

그것은 그녀에 의해 만들어진 케이크였다.
(a cake: 케이크, was made: 만들어졌다, by her: 그녀에 의해)

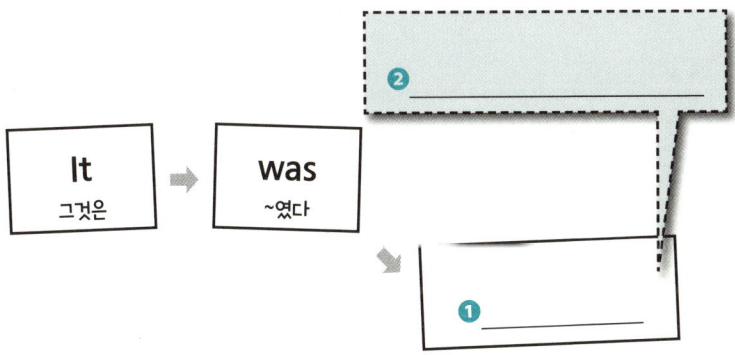

- 수식받는 명사(선행사)를 먼저 써요.
- 그 다음에 관계 대명사를 쓰고, 수식하는 문장을 뒤에 써요.

ANSWER ❶ a cake ❷ that/which was made by her

확인 문제 3

★ 밑줄 친 부분을 알맞은 자리에 알맞은 형태로 넣어 볼까요?

나는 우리가 커피를 마셨던 그 카페가 좋았어.
(the cafe: 그 카페, had coffee: 커피를 마셨다)

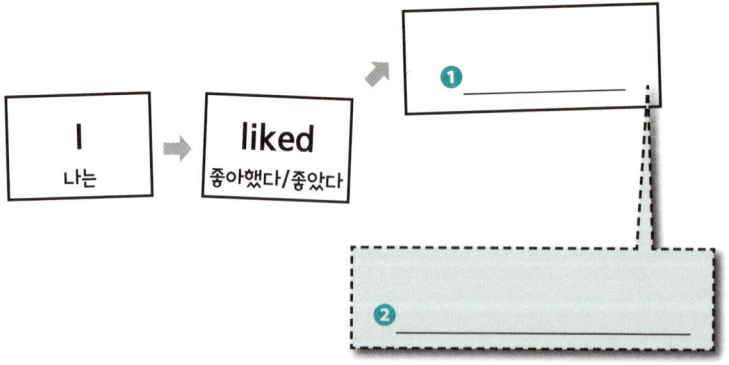

- 수식받는 말(선행사)이 수식하고 있는 형용사절의 부사적 의미라면 관계 부사를 써요.

ANSWER ❶ the cafe ❷ where we had coffee

확인 문제 4

★ 밑줄 친 부분을 알맞은 자리에 알맞은 형태로 넣어 볼까요?

나는 <u>우리가 사고가 났던</u> 톰의 생일을 기억해.
(had an accident: 사고가 났다, Tom's birthday: 톰의 생일)

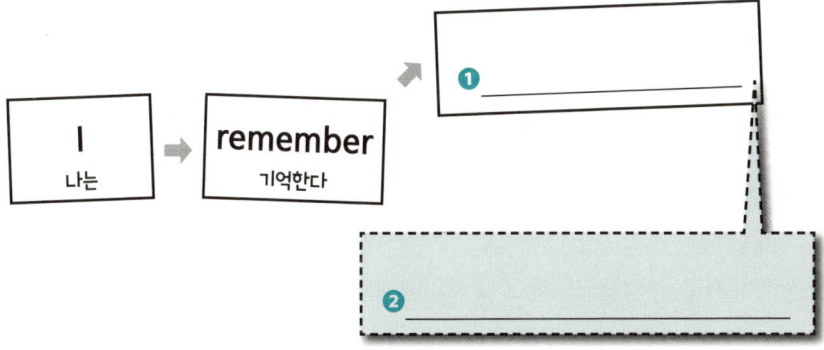

- 수식받는 말(선행사)이 '톰의 생일'이며, 수식하는 말은 '우리가 사고가 났던'이에요.
  - 선행사가 형용사절의 부사적인 의미가 될 때는 관계 부사를 써요.

ANSWER ① Tom's birthday ② when we had an accident

243

내용 요약 형용사절 (관계 대명사, 관계 부사)

❶ 문장의 수식을 받는 명사를 **선행사** 라고 하며, 명사를 수식하는 역할을 하는 문장(절)을 **형용사절** 이라고 해요.

❷ 명사절과 같이 형용사절을 이끄는 접속사로 **that** 을 쓸 수 있어요.
선행사가 형용사절의 목적어가 되는 의미라면 **목적격 관계 대명사** 라고 하고,
선행사가 형용사절의 주어가 되는 의미라면 **주격 관계 대명사** 라고 해요.

❸ 선행사가 사람이면 that 대신 **who** 를 쓸 수 있고,
선행사가 사물이나 동물이면 that 대신 **which** 를 쓸 수 있어요.

❹ 선행사가 형용사절의 부사가 되는 의미라면, **관계 부사** 를 써요.

❺ 선행사가 장소이며 형용사절의 부사적인 의미일 때는 **관계 부사 where** 를,
선행사가 시간이며 형용사절의 부사적인 의미일 때는 **관계 부사 when** 을 써요.

❻ 관계 부사절을, 선행사를 빼고 그 자리에 쓰면, 명사 역할을 하는 **의문사절** 이 돼요.

❼ 관계 대명사 **who** , **which** 앞에 쉼표(,)가 있으면,
'그리고 ~은' 또는 '그런데 ~은' 과 같이 해석해요.

❽ 관계 부사 **where** , **when** 앞에 쉼표(,)가 있으면,
'그리고[그런데] 거기서' , '그리고[그런데] 그때' 와 같이 해석해요.

내용 확인
이 Chapter에서 배운 중요 내용을 빈칸을 채우며 확인하세요.

❶ 문장의 수식을 받는 명사를 _____라고 하며, 명사를 수식하는 역할을 하는

문장(절)을 _____이라고 해요.

❷ 명사절과 같이 형용사절을 이끄는 접속사로 _____을 쓸 수 있어요.

선행사가 <u>형용사절의 목적어</u>가 되는 의미라면 _____라고 하고,

선행사가 <u>형용사절의 주어</u>가 되는 의미라면 _____라고 해요.

❸ 선행사가 <u>사람</u>이면 that 대신 _____를 쓸 수 있고,

선행사가 <u>사물이나 동물</u>이면 that 대신 _____를 쓸 수 있어요.

❹ 선행사가 <u>형용사절의 부사</u>가 되는 의미라면, _____를 써요.

❺ 선행사가 <u>장소</u>이며 형용사절의 부사적인 의미일 때는 _____를,

선행사가 <u>시간</u>이며 형용사절의 부사적인 의미일 때는 _____을 써요.

❻ 관계 부사절을, 선행사를 빼고 그 자리에 쓰면, 명사 역할을 하는 _____이 돼요.

❼ 관계 대명사 _____, _____ 앞에 쉼표(,)가 있으면,

_____ 또는 _____과 같이 해석해요.

❽ 관계 부사 _____, _____ 앞에 쉼표(,)가 있으면,

_____, _____와 같이 해석해요.

CHAPTER 11
부사적 수식어

명사를 수식하는 것이 형용사적 수식어라면,
부사적 수식어는 형용사, 동사, 다른 부사나 문장 전체 등
명사 외의 모든 말을 수식하는 말이에요.

부사적 수식어 1

『 부사는 기본적으로 <u>형용사</u>, <u>동사</u>, <u>다른 부사를</u> <u>수식해요.</u> 』

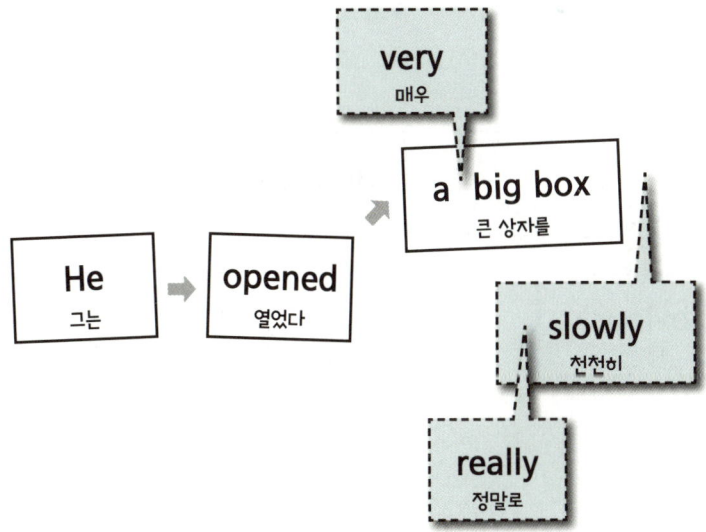

- <u>very</u> big (매우 큰) : 형용사 수식 / opened <u>slowly</u> (천천히 열었다) : 동사 수식 / <u>really</u> slowly (정말 천천히) : 다른 부사 수식

부사적 수식어 2

『 부사는 절이나 문장 전체를 수식하기도 하죠. 』

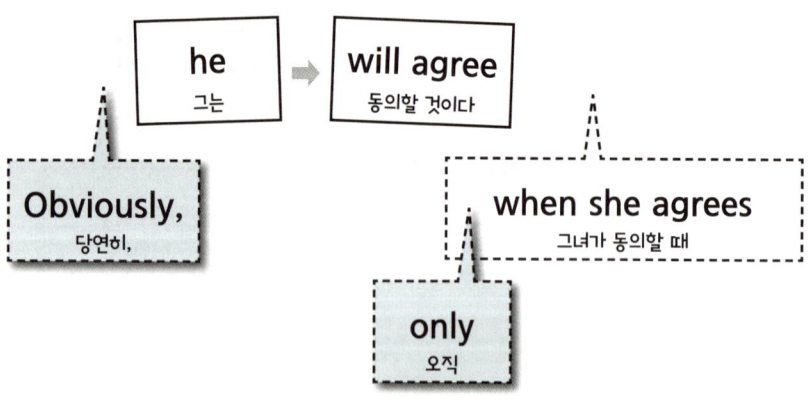

- Obviously(당연히): 문장 전체 수식 / only: when절 수식
- 당연히, 그는 그녀가 동의할 때만 동의할 것이다.

부사적 수식어 3

『 부사처럼, 전치사구도 부사적 역할을 할 수 있어요. 』

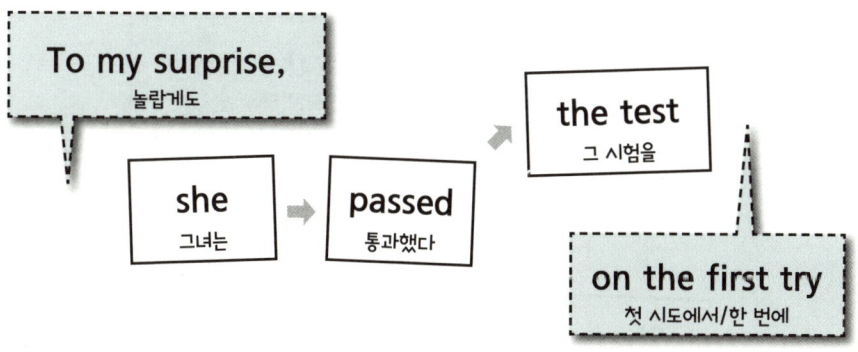

- To my surprise(놀랍게도): 문장 전체 수식 / on the first try(한 번에): 동사(passed) 수식

부사적 수식어 4

『 전치사구는 명사 뒤에서 형용사적 역할도 하죠?
그래서 명사 뒤에 전치사구가 있을 때,
형용사적인지 부사적인지를 판단해야 할 때가 있어요. 』

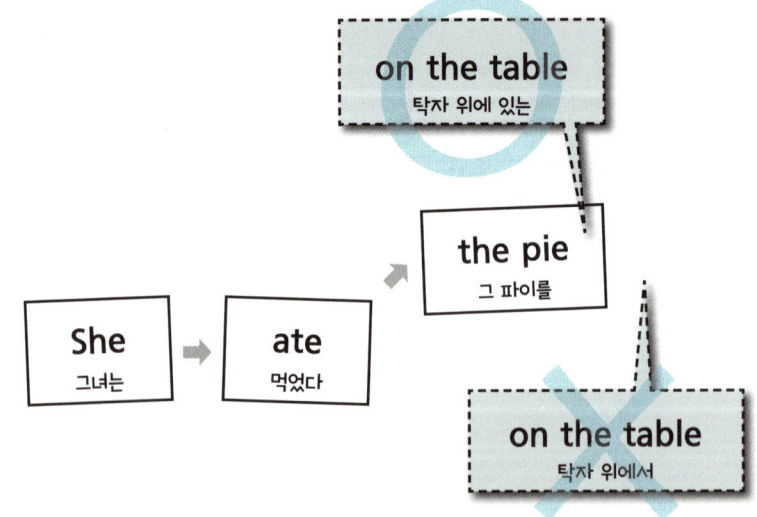

- 위의 예문에서 on the table은 the pie를 꾸미는 형용사적으로 쓰였어요.
- 어쩌면 탁자 위에서 먹었을 수도 있지만,
일반적으로 명사 뒤의 전치사구는 한 번 더 신경을 써서 해석하는 게 좋아요.

부사적 수식어 5

『 to부정사는 <u>명사</u>, <u>형용사</u>, <u>부사</u> 모두로 쓸 수 있다는 걸 기억하나요? 이번에는 <u>to부정사의 부사적 쓰임</u>을 알아봐요. 』

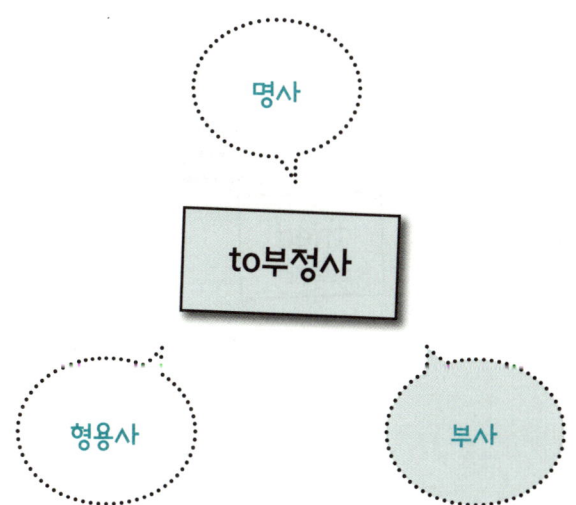

부사적 수식어 6

『 to부정사가 부사적으로 쓰일 때,
가장 기본적인 의미는 '~하기 위해서'예요. 』

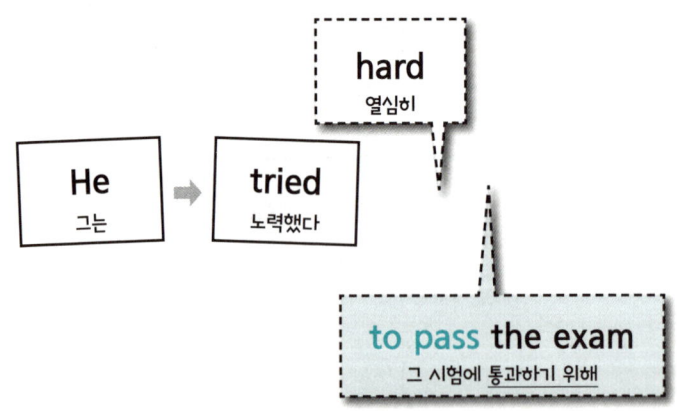

• 목적을 의미하는 to부정사

부사적 수식어 7

『 to부정사를 '~하기 위해서'라고 해석했을 때 의미가 이상하다면, 문맥에 맞게 해석해요. 』

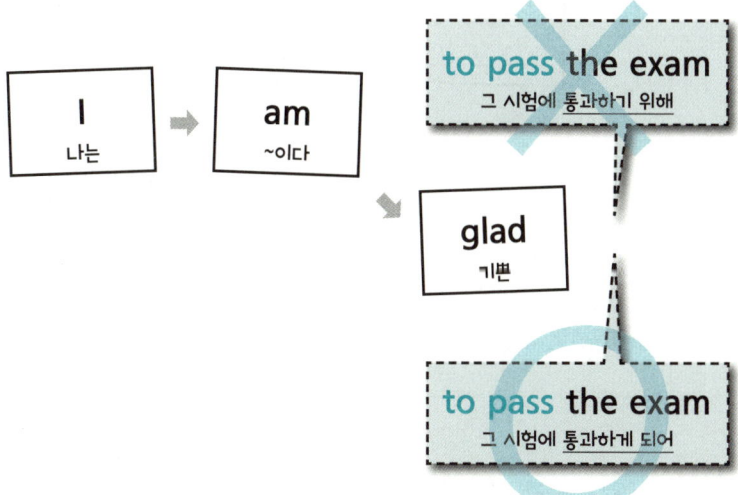

부사적 수식어 8

『 주로, '기쁨', '슬픔', '화남', '실망'과 같은 감정을 표현하는 말 뒤에 있는 to부정사는 '~하게 되어' ...한 감정을 느낀다는 의미가 돼요. 』

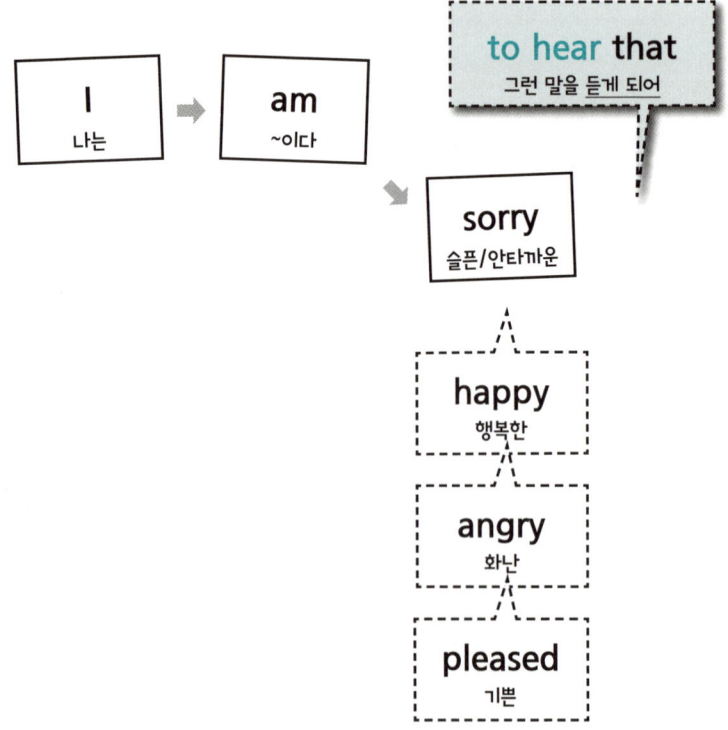

- 원인을 의미하는 to부정사

부사적 수식어 9

『 to부정사는 문맥상 '~하다니', '~하는 걸 보니' ...하다라는 의미가 될 수도 있어요. 』

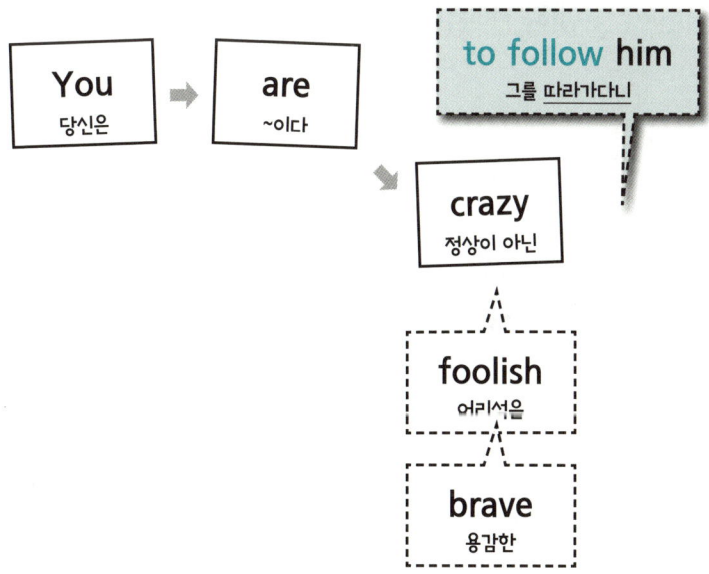

- '~하기 위해서'도 이상하고, '~하게 되어'도 이상한 해석이에요. 그래서 문맥에 맞게 '~하다니'로 해석해요. 판단 근거를 의미하는 to부정사예요.

부사적 수식어 10

『 다음 문장도 살펴볼까요?
'시험에 실패하기 위해' 열심히 노력했다는 것이 말이 되나요? 』

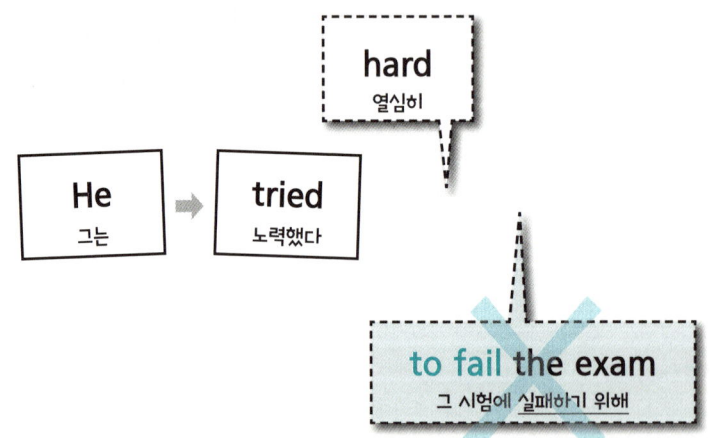

부사적 수식어 11

『 노력했지만, '(결과적으로) 실패했다'라고 해석해야 맞겠죠. 이와 같이, 앞서 말한 일이 '결과적으로 어떻게 되었다'라는 의미로도 to부정사를 써요. 』

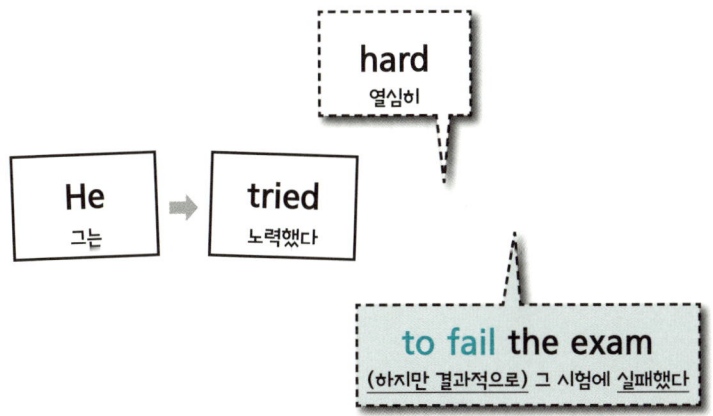

- 결과를 의미하는 to부정사

부사적 수식어 12

『 to부정사가 '(결과적으로) ~했다'의 의미가 되는 다른 예문을 하나 더 읽어 보세요. 』

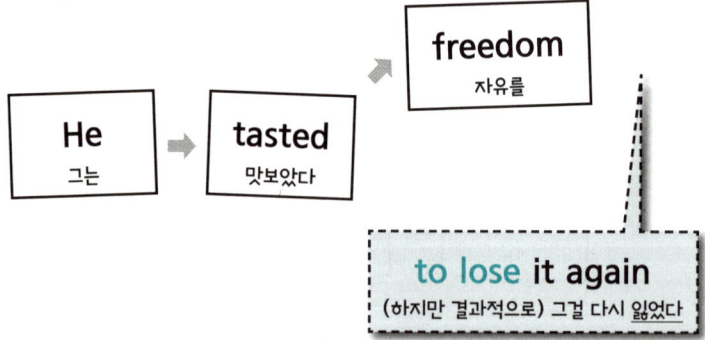

부사적 수식어 13

『 to부정사는 문맥상 '~하면', '~한다면'과 같은 조건의 의미도 될 수 있어요. 』

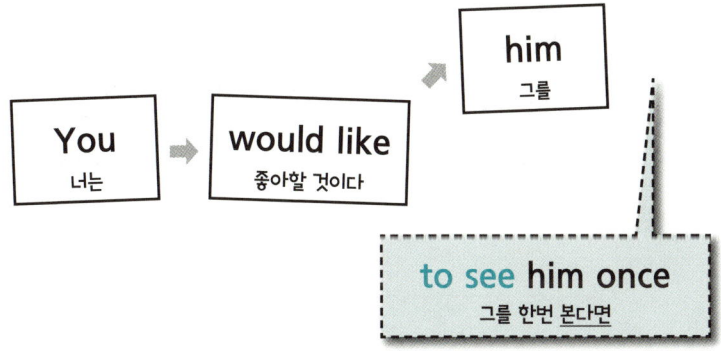

- 조건을 의미하는 to부정사

부사적 수식어 14

『 to부정사가 형용사를 수식할 때는 주로 '~하기에' ...하다라는 의미가 돼요. 』

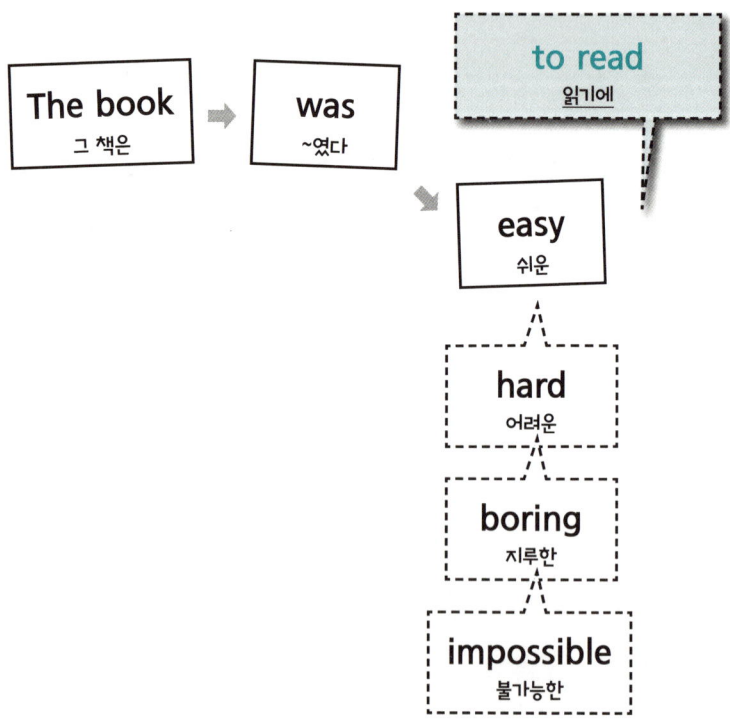

부사적 수식어 15

『 to부정사가 부사 enough와 too를 수식할 때는
'~하기에 충분히' ...하다, '~하기에 너무' ...하다로 해석해요. 』

The book was easy | enough | to understand

→ 그 책은 이해하기에 충분히 쉬웠다.

The book was | too | difficult | to understand

→ 그 책은 이해하기에 너무 어려웠다. (= 그 책은 너무 어려워서 이해하지 못했다.)

부사적 수식어 16

『 부사나 전치사구와 같이, to부정사도 문장 전체를 수식할 수도 있어요. 』

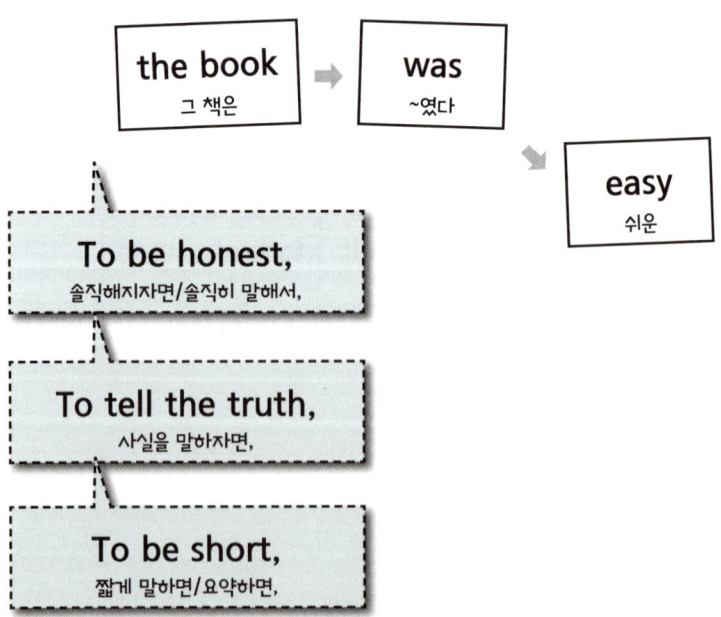

확인 문제 1

★ 밑줄 친 부분을 알맞은 곳에 넣어 보세요.

솔직히, 나는 학교에서 매우 똑똑한 학생은 아니었다.
(very: 매우, in school: 학교에서, honestly: 솔직히)

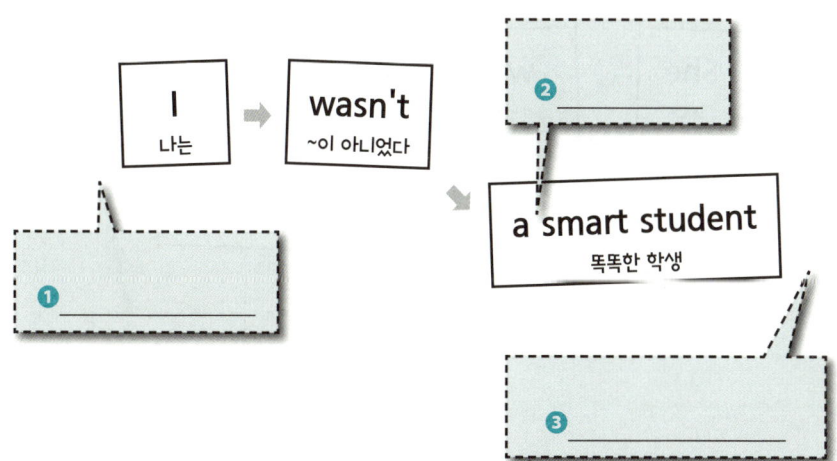

- 부사나 전치사구는 동사, 형용사, 다른 부사, 문장 전체를 수식할 수 있어요.
- 문장 전체를 수식할 때는 주로 문장 앞에 쓰며, 형용사를 수식할 때는 주로 형용사 바로 앞에, 동사를 수식할 때는 동사 앞이나 문장 끝에 써요.

ANSWER ❶ Honestly, ❷ very ❸ in school

확인 문제 2

★ 밑줄 친 부분을 알맞은 곳에 넣어 보세요.

그녀는 그를 거기서 보게 되어 기뻤다.
(glad: 기쁜, see him there: 거기서 그를 보다)

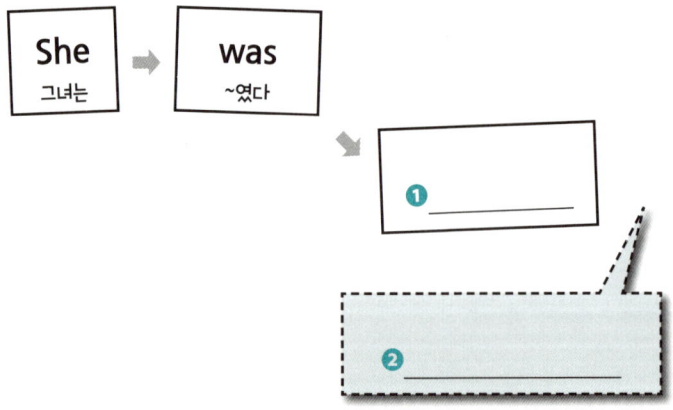

- 감정을 나타내는 말 뒤에 나오는 to부정사는 '~하게 되어'라는 의미가 돼요.

ANSWER ❶ glad ❷ to see him there

확인 문제 3

★ 밑줄 친 영어 부분을 알맞게 해석해 볼까요?

그는 _____ 나에게 전화했다.
(something: 뭔가, ask: 묻다)

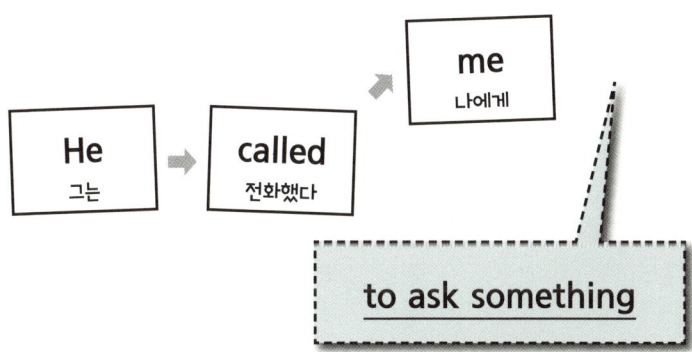

- 문장에서 to부정사는 여러 의미가 될 수 있어요.
- 제일 먼저, 가장 기본적인 의미인 '~하기 위해서'로 해석을 해 보고, 의미가 이상하다면 다른 의미로 문맥에 맞게 해석해요.

ANSWER 뭔가 물어보기 위해서

확인 문제 4

★ 밑줄 친 영어 부분을 알맞게 해석해 볼까요?

그녀는 _____ 빠르게 달렸다.
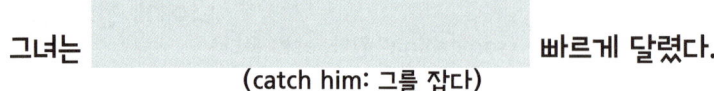
(catch him: 그를 잡다)

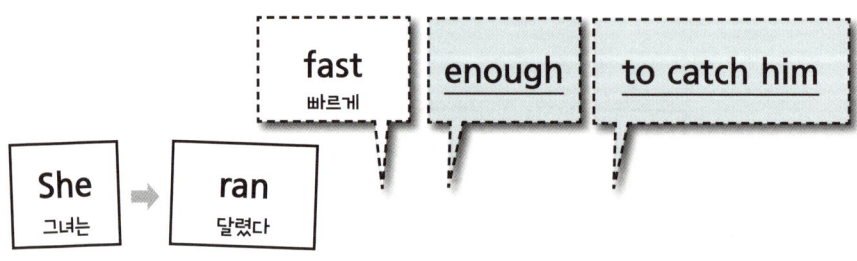

- to부정사가 형용사를 수식할 때는 주로 '~하기에' ...하다라는 의미를 만들어요.
- to부정사가 부사인 enough나 too를 수식할 때는 '~하기에 충분히' ...하다 또는 '~하기에 너무' ...하다와 같은 의미가 돼요.

ANSWER 그를 잡기에 충분히

내용 요약 — 부사적 수식어 (부사, 전치사구, to부정사)

❶ 부사적 수식어는 **명사를 제외한 모든 말** 을 꾸며 주는 말이에요.

❷ 부사적 수식어에는 **부사**, **전치사구**, **to부정사** 가 있어요.

❸ 부사적 수식어는 기본적으로 **동사**, **형용사**, **다른 부사** 를 수식해요. 그 외에도 **구**, **절**, **문장 전체** 를 수식할 수 있어요.

❹ 명사 뒤의 전치사구는 **형용사적** 으로 명사를 수식할 수도 있고, 명사 뒤에 있지만 **부사적** 으로 동사를 수식할 수도 있어요.

❺ 부사적인 to부정사는 앞서 말한 것에 대한 **목적** 의 의미로 가장 많이 쓰여요. 그 외에도 아래 표와 같이 여러 가지 의미가 있으니, 참고하여 문맥에 맞게 해석해요.

to부정사의 부사적 쓰임	의미
앞서 말한 것의 목적	~하기 위해서
감정을 나타내는 말 뒤에	~하게 되어
앞서 말한 것을 판단하는 근거	~하다니, ~하는 걸 보니
앞서 말한 것의 결과	(결과적으로) ~했다
조건적인 의미로	~하면, ~한다면
형용사를 수식하여	~하기에, ~하기에는
부사 enough를 수식하여	~하기에 충분히
부사 too를 수식하여	~하기에 너무

내용 확인
이 Chapter에서 배운 중요 내용을 빈칸을 채우며 확인하세요.

❶ 부사적 수식어는 _____ 을 꾸며 주는 말이에요.

❷ 부사적 수식어에는 _____, _____, _____ 가 있어요.

❸ 부사적 수식어는 기본적으로 _____, _____, _____ 를 수식해요.
그 외에도 _____, _____, _____ 를 수식할 수 있어요.

❹ 명사 뒤의 전치사구는 _____ 으로 명사를 수식할 수도 있고,
명사 뒤에 있지만 _____ 으로 동사를 수식할 수도 있어요.

❺ 부사적인 to부정사는 앞서 말한 것에 대한 _____ 의 의미로 가장 많이 쓰여요.
그 외에도 아래 표와 같이 여러 가지 의미가 있으니, 참고하여 문맥에 맞게 해석해요.

to부정사의 부사적 쓰임	의미
앞서 말한 것의 목적	
감정을 나타내는 말 뒤에	
앞서 말한 것을 판단하는 근거	
앞서 말한 것의 결과	
조건적인 의미로	
형용사를 수식하여	
부사 enough를 수식하여	
부사 too를 수식하여	

CHAPTER 12
부사절 & 분사구문

부사, 전치사구, to부정사 외에
문장에서 부사적 역할을 하는 부사절과 분사구문에 대해서 배워요.

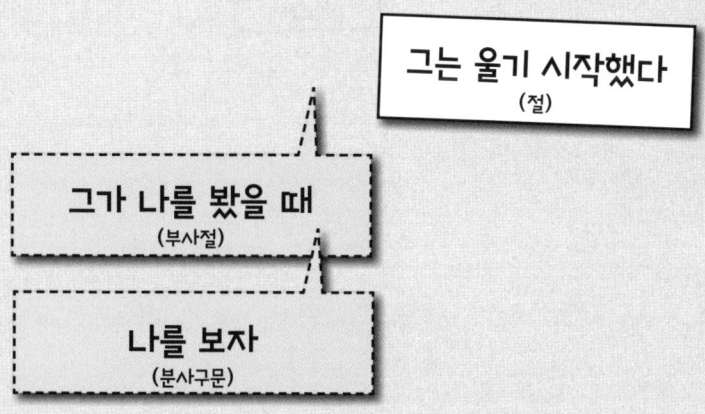

그는 울기 시작했다
(절)

그가 나를 봤을 때
(부사절)

나를 보자
(분사구문)

부사절과 분사구문 1

『 문장 전체가 명사 역할도 형용사 역할도 할 수 있듯이,
부사 역할(부사절)도 할 수 있어요.
하지만, 문장을 그냥 그대로 부사처럼 쓸 수는 없죠. 』

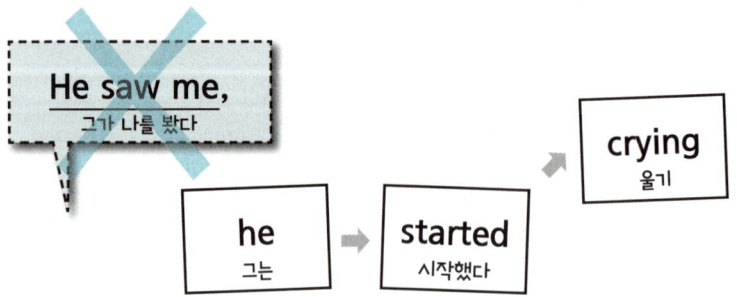

부사절과 분사구문 2

『 명사절과 형용사절이 그랬듯이,
문장이 <u>부사의 역할</u>을 하기 위해서는 <u>접속사</u>가 필요해요. 』

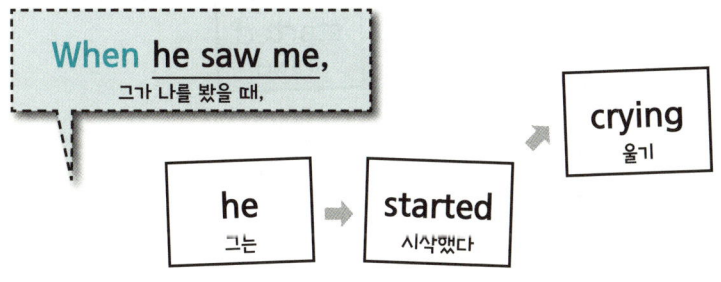

- 부사절이 수식하는 문장(그는 울기 시작했다)을 <u>주절</u>이라고 부르고,
  부사절을 다른 말로 <u>종속절</u>이라고 불러요.

부사절과 분사구문 3

『 when(~할 때) 이외에도, 시간을 나타내는 다양한 접속사들을 쓸 수 있어요. 』

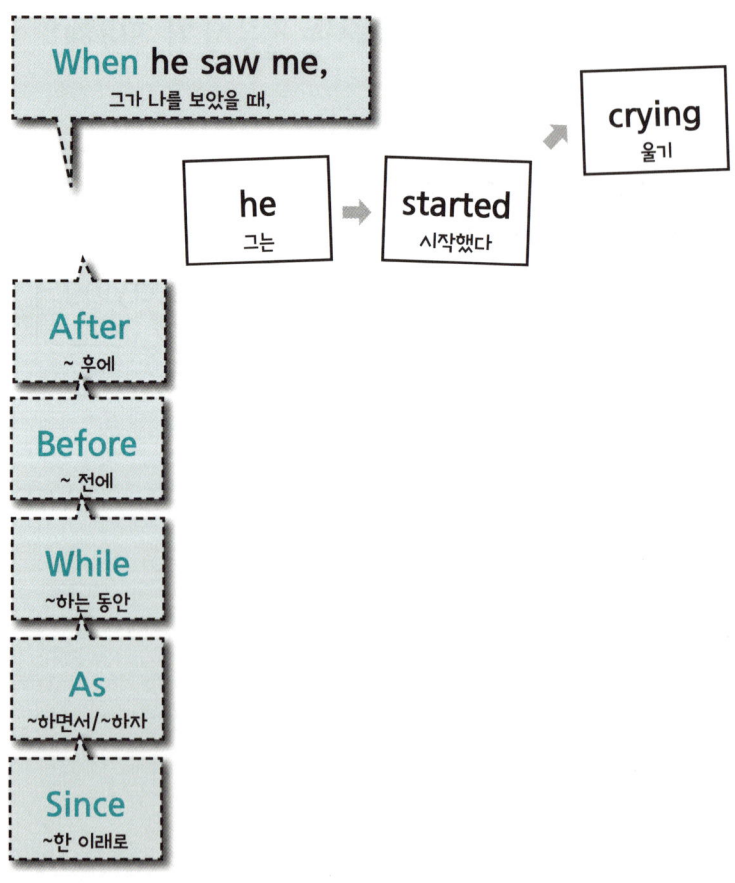

- as, since는 한 가지 의미가 아니라 두 개 이상의 의미를 가지고 있어요.

부사절과 분사구문 4

『시간을 나타내는 접속사 외에도, 이유를 나타내는 접속사들도 쓸 수 있고,』

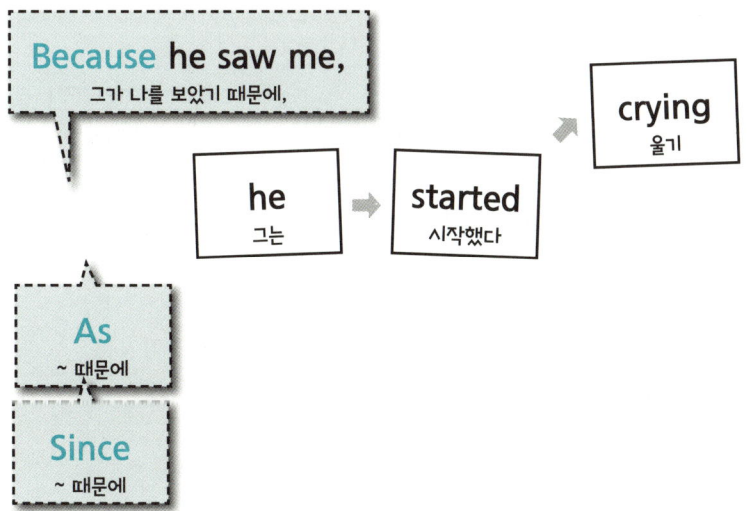

부사절과 분사구문 5

『 조건, 양보 등 다양한 접속사들이 부사절을 이끌어요. 』

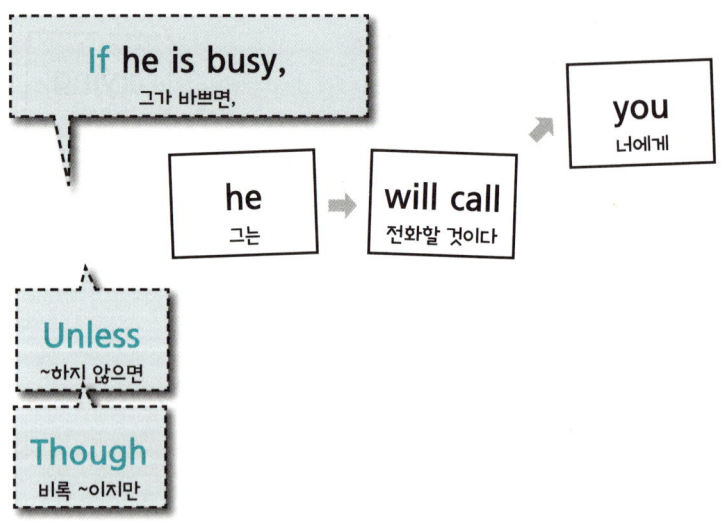

- 양보를 나타내는 접속사(~에도 불구하고, 비록 ~이지만) though는 even though나 although로도 쓸 수 있어요.

부사절과 분사구문 6

『 자, 이제 [접속사 + 주어 + 동사 ~]의 부사절을 짧게 줄여 쓰는 방법을 알아볼까요? 』

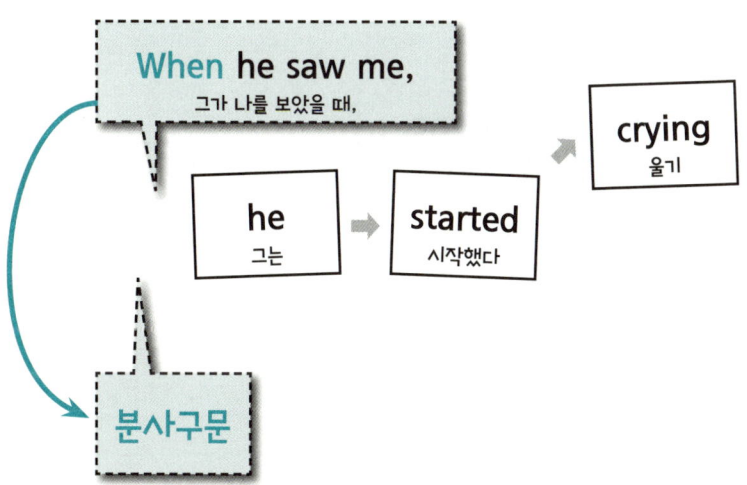

부사절과 분사구문 7

『 우선, 부사절 [접속사 + 주어 + 동사 ~]에서
❶ 접속사를 지우고,
❷ 수식하는 문장(주절)과 주어가 같다면, 주어도 지워요. 』

- When he saw me의 주어(he)와 he started crying의 주어(he)가 같으므로 삭제해요.

부사절과 분사구문 8

『 그 다음, 동사를 ❸ 현재분사(-ing)로 고쳐요.
❹ 고친 현재분사가 Being이라면, 삭제할 수 있으며,
❺ 부정문이었다면, Not을 현재분사 앞에 붙여요. 』

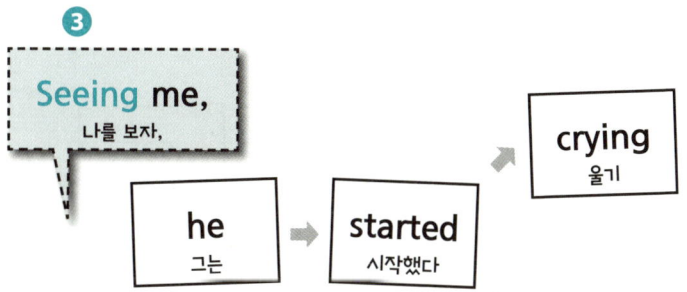

부사절과 분사구문　9

『 한 문장 더 해 볼까요? ❶ 접속사를 지우고,
❷ 수식하는 문장(주절)과 주어가 같다면, 주어도 지워요. 』

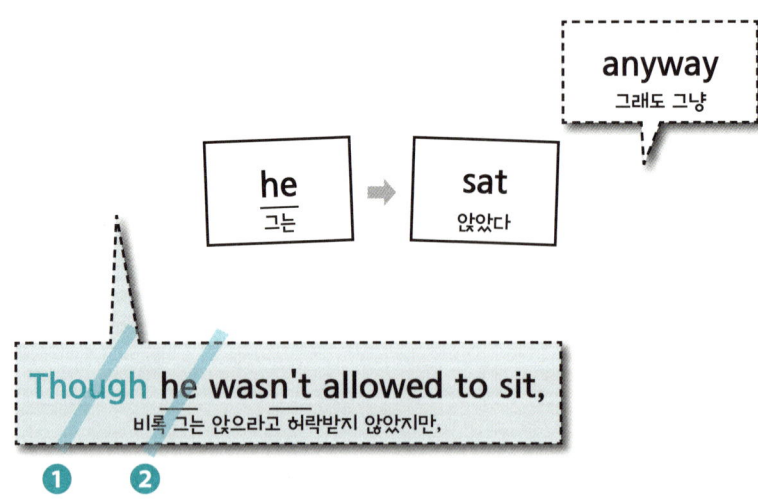

부사절과 분사구문 10

『그 다음, 동사를 ❸ 현재분사(-ing)로 고쳐요.
❹ 고친 현재분사가 Being이라면, 삭제할 수 있으며,
❺ 부정문이었다면, Not을 현재분사 앞에 붙여요.』

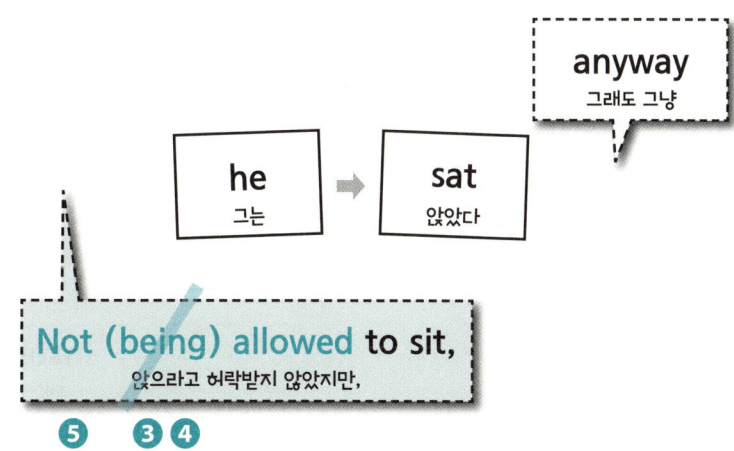

- was allowed는 수동태예요. 수동태의 be동사만 현재분사(being)로 고치고, 생략할 수 있어요.

부사절과 분사구문 11

『 주어가 서로 다른 문장을 한번 해 볼까요?
❶ 접속사를 지우고,
❷ 수식하는 문장(주절)과 주어가 다르면, 주어를 남겨 둬요. 』

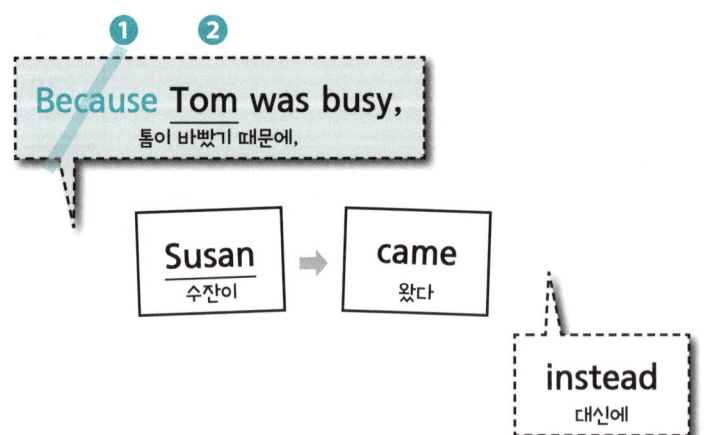

부사절과 분사구문 12

『그 다음, 동사를 ❸ <u>현재분사(-ing)로 고쳐요.</u>
❹ <u>고친 현재분사가 Being이라면, 삭제할 수 있으며,</u>
❺ <u>부정문이었다면, Not을 현재분사 앞에 붙여요.</u>』

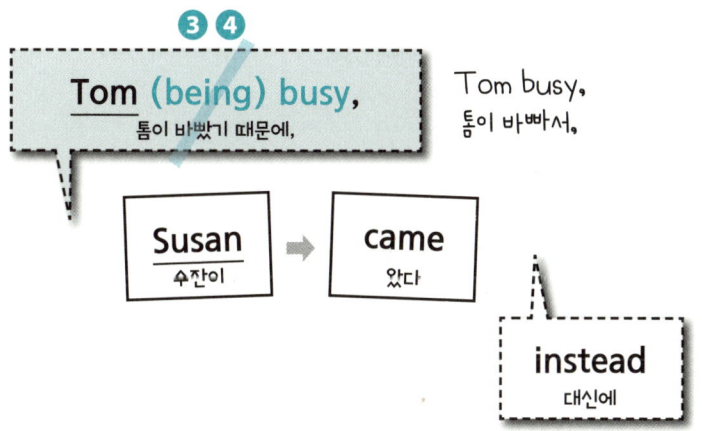

부사절과 분사구문 13

『이렇게 [접속사 + 주어 + 동사 ~]의 부사절을 줄여서 [분사 ~]로 만든 것을 분사구문이라고 불러요.』

〈부사절 + 주절〉

Because she was so sick, she stayed in bed.

→ 그녀가 무척 아팠기 때문에, 그녀는 침대에 있었다.

〈분사구문 + 주절〉

So sick, she stayed in bed.　＊ 접속사, 주어, being 생략

→ 무척 아파서, 그녀는 침대에 있었다.

- 분사구이지만 형용사 역할을 하는 분사구가 아니라,
문장이고 구이면서 부사 역할을 하는 분사구라서 분사구문이라고 해요.

부사절과 분사구문 14

『 분사구문은 접속사가 없기 때문에
앞뒤를 살펴서, 문맥에 맞게 자연스럽게 해석해야 해요. 』

| Having a question |,

질문이 있어서,
(Because she had a question)

| Not invited |,   she came in

초대받지 않았지만,
(Though she was not invited)

| Talking on the phone |,

전화 통화를 하면서,
(As she was talking on the phone)

- 보통 일반적으로 많이 쓰는 시간, 이유, 양보의 접속사들이 생략돼요.
  접속사를 생략하면 의미 파악이 어려운 경우에는 접속사를 그냥 두기도 해요.

확인 문제 1

★ 밑줄 친 부분을 알맞은 부사절로 써 볼까요?

<u>그녀가 나를 발견하자</u>, 그녀는 미소 지었다.
(find-found: 발견하다-발견했다, me: 나를)

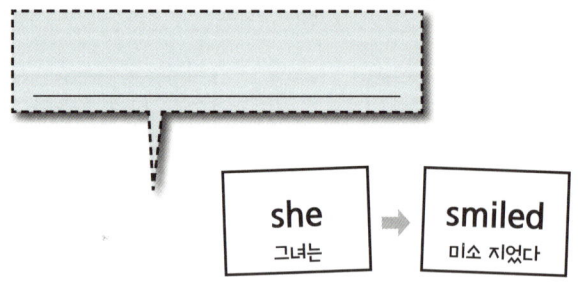

- '~하자'라는 의미를 가진 접속사는 as나 when으로 쓸 수 있어요.

ANSWER As/When she found me,

확인 문제 2

★ 확인 문제 1의 부사절을 분사구문으로 만들어 보세요.

나를 발견하자, 그녀는 미소 지었다.
(find-found: 발견하다-발견했다, me: 나를)

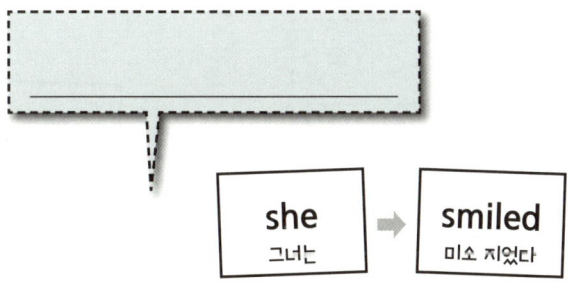

- [접속사 + 주어 + 동사 ~]에서 접속사를 생략하고, 주어가 같다면 생략하고, 다르다면 남겨 둬요.
- 동사를 현재분사(-ing)로 쓰고, 부정문이라면 현재분사 앞에 Not을 넣어요.
- 현재분사가 being이면 생략 가능해요.

ANSWER Finding me,

확인 문제 3

★ 밑줄 친 부분을 알맞은 부사절로 써 볼까요?

<u>그날 밤 그는 한가하지 않았지만</u>, 마크는 나를 도와줬다.
(that night: 그날 밤, free: 한가한)

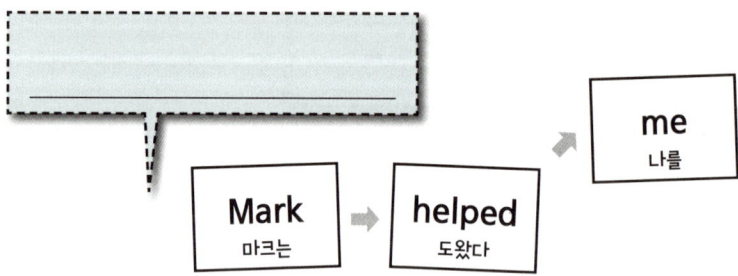

- '비록 ~이지만'(양보)의 의미를 가진 접속사로는 though, although, even though가 있어요.

ANSWER Though/Even though/Although he was not free that night,

확인 문제 4

◆ 확인 문제 ③의 부사절을 분사구문으로 만들어 보세요.

그날 밤 한가하지 않았지만, 마크는 나를 도와줬다.
(that night: 그날 밤, free: 한가한)

- [접속사 + 주어 + 동사 ~]에서 접속사를 생략하고, 주어가 같다면 생략하고, 다르다면 남겨 둬요.
- 동사를 현재분사(-ing)로 쓰고, 부정문이라면 현재분사 앞에 Not을 넣어요.
- 현재분사가 being이면 생략 가능해요.

ANSWER Not (being) free that night,

내용 요약: 부사절과 분사구문

❶ **부사절** 은 문장 전체가 부사 역할을 하여, **주절** 을 수식해요.

❷ 부사절이 이끄는 접속사는 시간, 이유, 양보 등 다양해요.

부사절을 이끄는 접속사	의미
when	~할 때
after	~ 후에
before	~ 전에
as	~하자, ~하면서, ~ 때문에
because	~ 때문에
though	비록 ~이지만
since	~ 때문에, ~ 이래로

❸ 부사절은 **분사구문** 으로 줄여 쓸 수 있어요.
 - 우선 부사절의 **접속사** 를 생략해요.
 - 부사절과 주절의 **주어가 같을 때** 주어를 생략해요.
 - **주어가 다르면** 주어를 생략할 수 없어요.
 - 동사를 **현재분사(-ing)** 로 바꿔요.
 - **현재분사가 being이면** 생략할 수 있어요.
 - 부사절이 부정문이었다면 **현재분사 앞에 Not** 을 넣어요.

❹ 분사구문은 접속사가 없으므로, 부사절의 접속사를 떠올리며, **문맥에 맞게** 해석해요.

내용 확인
이 Chapter에서 배운 중요 내용을 빈칸을 채우며 확인하세요.

❶ ＿＿＿＿＿ 은 문장 전체가 부사 역할을 하여, ＿＿＿＿＿ 을 수식해요.

❷ 부사절이 이끄는 접속사는 시간, 이유, 양보 등 다양해요.

부사절을 이끄는 접속사	의미
	~할 때
after	
	~ 전에
	~하자, ~하면서, ~ 때문에
because	
though	
	~ 때문에, ~ 이래로

❸ 부사절은 ＿＿＿＿＿ 으로 줄여 쓸 수 있어요.

- 우선 부사절의 ＿＿＿＿＿ 를 생략해요.

- 부사절과 주절의 ＿＿＿＿＿ 주어를 생략해요.

- ＿＿＿＿＿ 주어를 생략할 수 없어요.

- 동사를 ＿＿＿＿＿ 로 바꿔요.

- ＿＿＿＿＿ 생략할 수 있어요.

- 부사절이 부정문이었다면 ＿＿＿＿＿ 을 넣어요.

❹ 분사구문은 접속사가 없으므로, 부사절의 접속사를 떠올리며, ＿＿＿＿＿ 해석해요.

CHAPTER 13
가정법

각각의 시제를 표현하기 위한 동사의 형태가 따로 있듯이,
어떤 일을 가정하여 말하는 것을 표현하기 위한 동사의 형태도 있어요.
이를 가정법이라고 해요.

TV를 볼 텐데
(가정의 주절)

시간이 있다면,
(가정의 부사절)

가정법 1

『우선, '조건'에 대해서 생각해 볼까요?
보통, '~하면, ~할 것이다'라는 말을 하죠?
여기서 '~하면'이 조건이에요.』

현재에 거는 조건 (~하면)		그러면 미래에 발생할 일 (~할 것이다)
시간이 있으면,	➡	**TV를 볼 것이다**

- 가정법은 주로 if절을 사용하므로,
if절을 사용하는 조건문을 먼저 알아 두면 도움이 될 거예요.

가정법 2

『'가정'이란 '가짜로 정하다'라는 의미로, 사실이 아니지만, 그렇다고 가정하는 것을 뜻해요. 다시 말해, 현재의 반대 상황을 상상해 보는 거죠.』

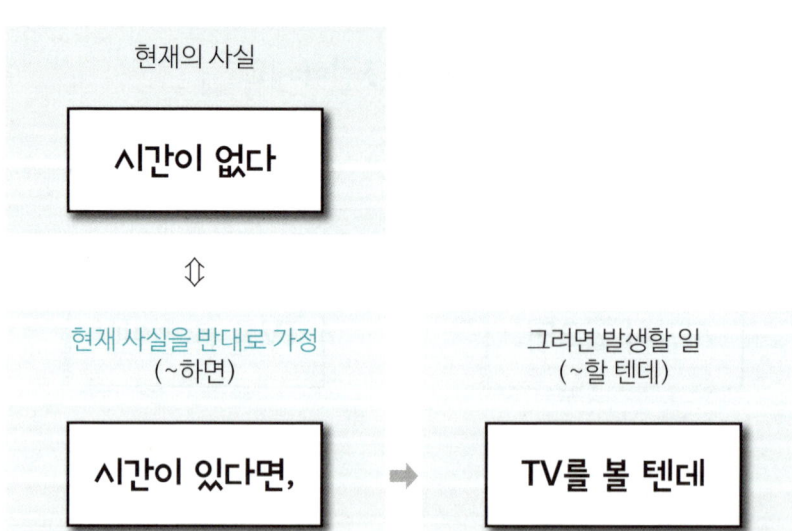

가정법 3

『 자, 이제 문장으로 '조건'과 '가정'을 만나 봐요.
우선, '조건'을 나타내는 if절(~이라면)을 읽어 보세요. 』

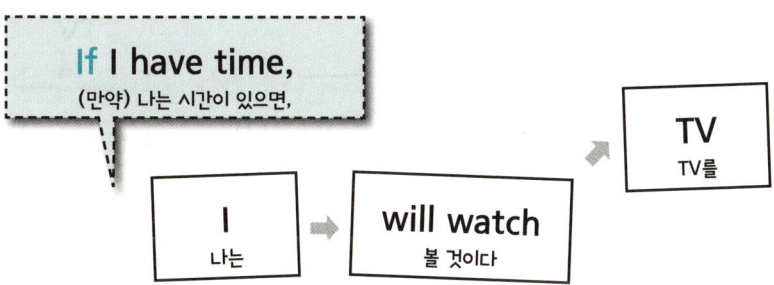

- if절은 접속사 if가 이끄는 부사절이에요.

가정법 4

『 조건(if)을 거는 시점은 '현재'이며,
조건을 만족한다면 생길 일은 '미래'이므로,
이에 맞는 형태의 동사를 사용하면 돼요.』

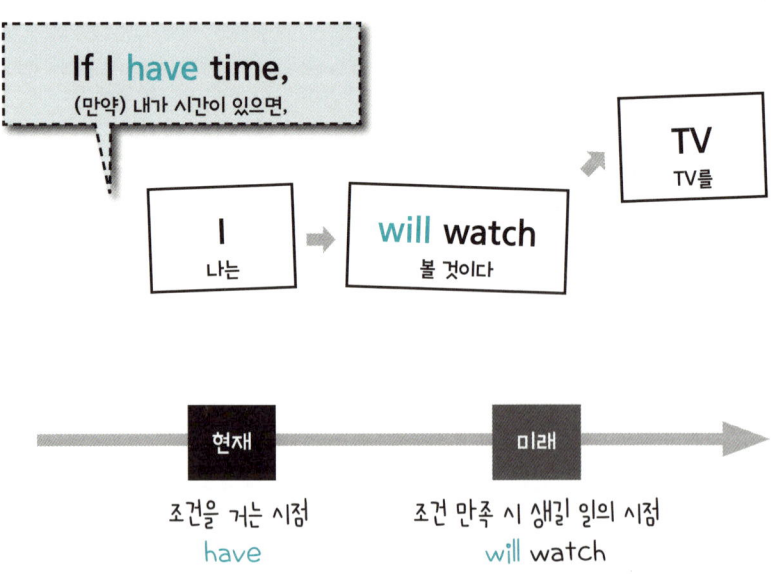

- 주절이 현재 시제인 If I have time, I watch TV.는
'시간이 날 때(마다) TV를 본다.'와 같은 정기적인 활동을 표현해요.

가정법 5

『 여기서, if절의 동사를 과거형으로, 주절의 조동사 will을 과거형인 would로 바꾸면, 현재의 반대 상황을 '가정'하는 의미로 바뀌게 돼요. 』

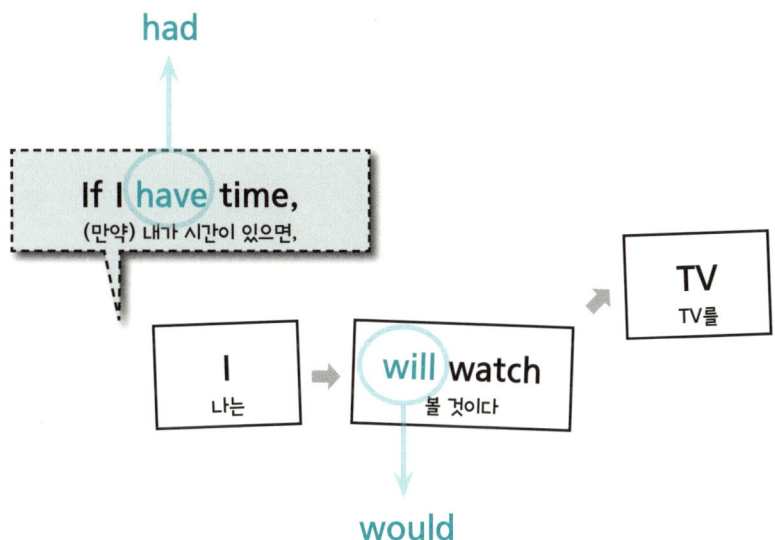

가정법 6

『 과거 시제를 표현할 때도 동사의 과거형을 쓰고,
'가정'을 표현할 때도 동사의 과거형을 써요.
이 '가정'에 쓰인 동사를 '가정법 동사'라고 해요. 』

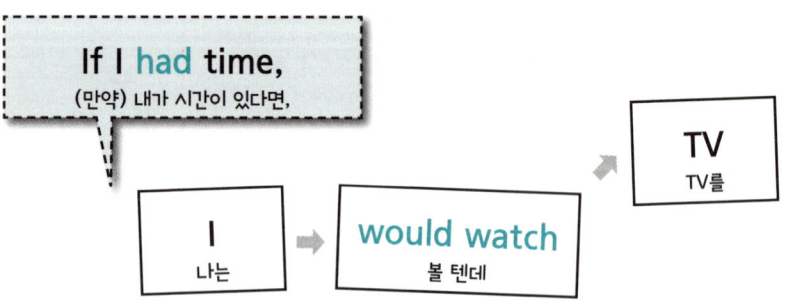

If I had time,
(만약) 내가 시간이 있다면,

I
나는

would watch
볼 텐데

TV
TV를

• 과거 시제를 나타내는 동사의 과거형과 가정법 동사는 의미로 구분할 수 있어요.

가정법 7

『 if절 안의 일반동사는 가정법으로 쓸 때 과거형을 쓰지만,
be동사는 주어에 맞게 쓰는 것이 아니라, 』

가정법 8

『 주어에 상관없이, 가정법 be동사 were를 써요. 』

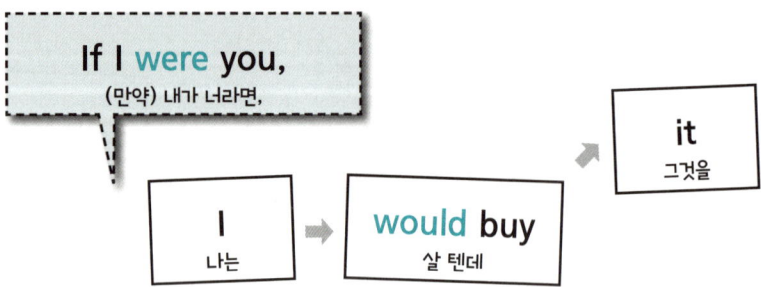

- 가끔 구어체에서 was를 쓰기도 하지만, 원칙은 were를 쓰는 거예요.

가정법 9

『 동사를 가정법으로 쓰면
'~하면 ...할 텐데', '~하면 ...하겠지'의 의미가 되어,
상상, 추측, 안타까움, 소망 등의 느낌을 표현할 수 있어요. 』

If he [lived] near, he [would come].
→ (만약) 그가 가까이 산다면, 그는 오겠지. (상상, 추측 – 가까이 살고 있지 않아 오지 않음)

If I [knew] the answer, I [would tell] you.
→ (만약) 내가 정답을 안다면, 나는 너에게 말해 줄 텐데. (안타까움 – 답을 몰라서 말해 줄 수 없음)

If I [had] a car, I [would go] there.
→ (만약) 내가 차를 가지고 있다면, 나는 거기 갈 텐데. (안타까움, 소망 – 현재 차가 없어서 못 감)

If she [were] here, she [would eat] them all.
→ (만약) 그녀가 여기 있다면, 그녀는 저것들을 모두 먹겠지. (상상 – 현재 그녀가 여기 없어서 못 먹음)

가정법 10

『 자, 이제 과거의 사실을 반대로 가정해 볼까요? 』

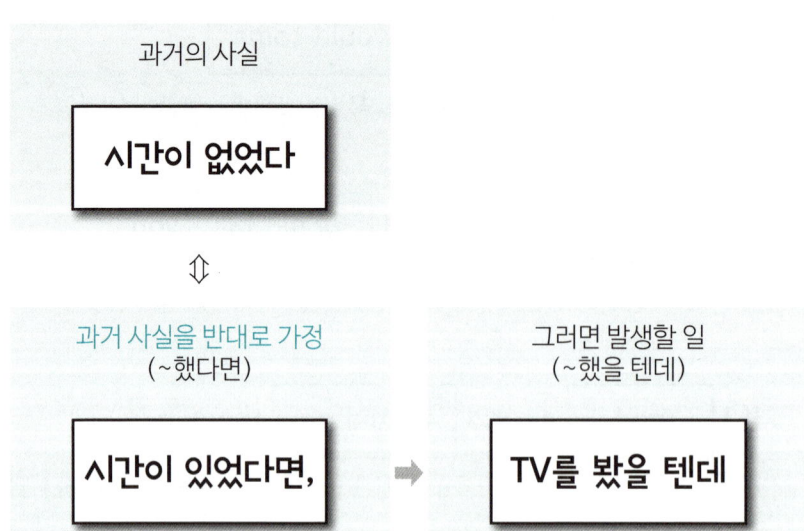

가정법 11

『 '가정'을 할 때, 현재 사실 반대 가정은 '과거형'을 썼죠?
과거 사실 반대 가정은 더 과거인 '대과거형'을 써요. 』

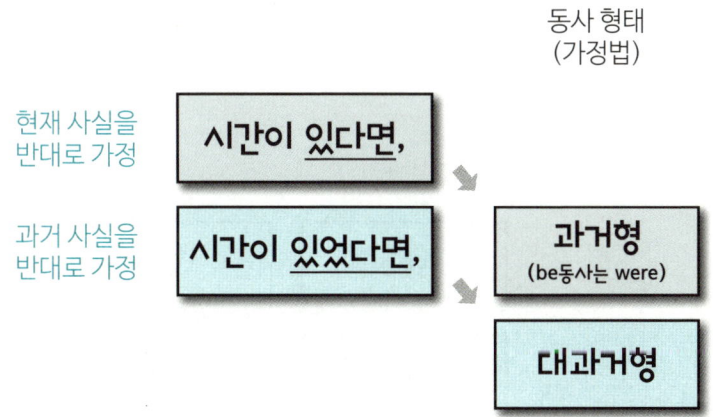

가정법 12

『 동사의 대과거형은 [had + 과거분사형],
조동사의 대과거형은 [would + have + 과거분사형]이에요.
과거형과 비교해서 살펴보세요. 』

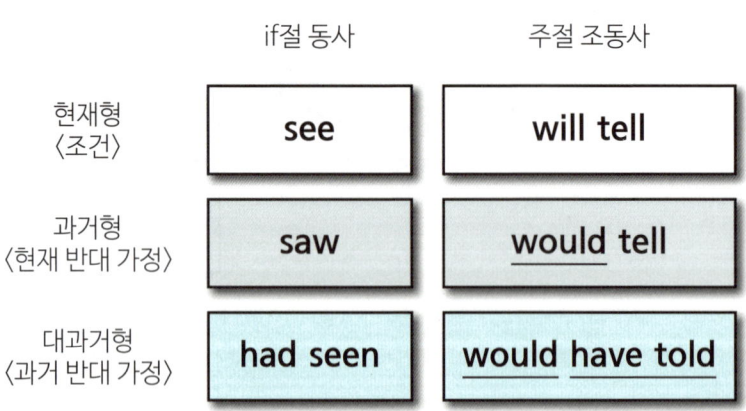

- 과거 완료인 [had + 과거분사형]의 쓰임은 2가지로,
대과거부터 과거까지의 일을 표현(완료 시제)할 때와 단순히 시간적으로 대과거임을 표현할 때예요.

가정법 13

『 자, 이제 과거 사실을 반대로 가정하는 문장으로 바꿔 볼게요. 』

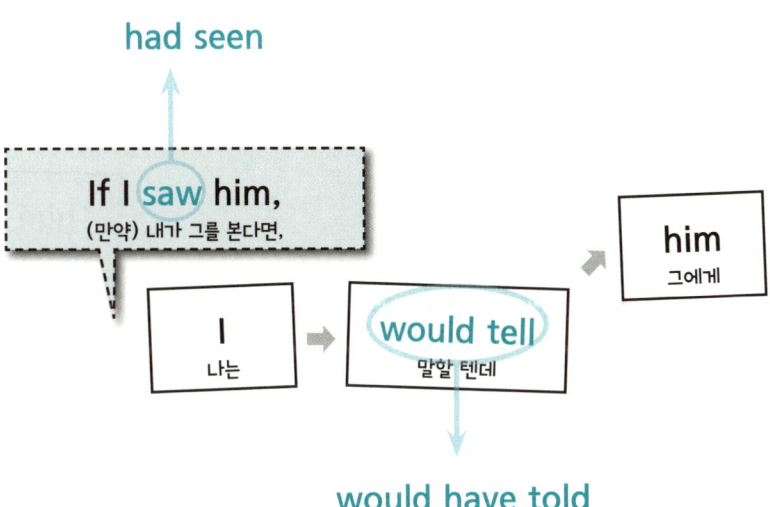

- 문법책에서는 동사의 형태에 따라,
현재의 가정을 '가정법 과거', 과거의 가정을 '가정법 과거 완료'라고 불러요.

가정법 14

『 과거의 사실은 '그를 못 봤다'이며,
과거 사실의 반대 가정은 '그를 봤다면'이 되고,
그랬다면 생겼을 일은 '말했을 텐데'가 돼요. 』

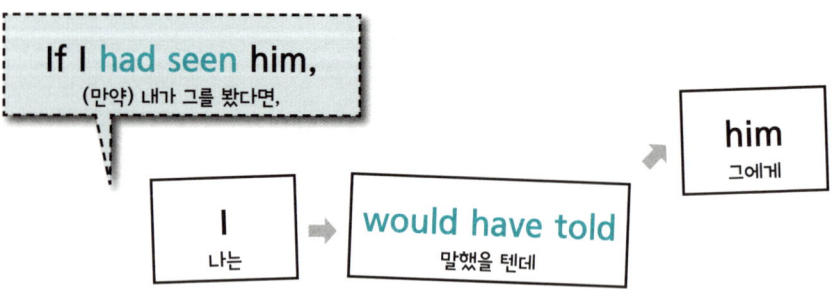

가정법 15

『 would 대신 [could + have + 과거분사형]을 쓰면, '~할 수 있었을 텐데'라는 의미가 돼요. 』

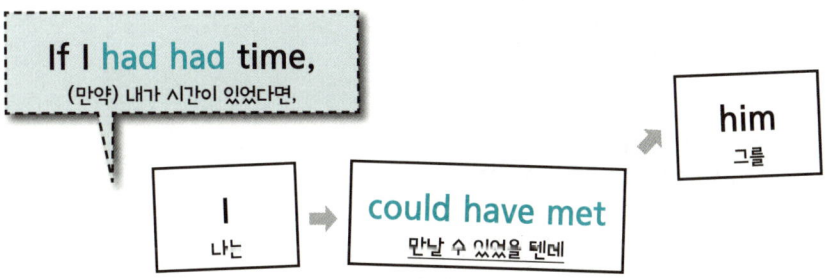

- have의 과거형은 had이고, 과거분사형도 had예요.
그래서 have를 대과거 [had + 과거분사형]로 쓸 때, [had + had]가 돼요.

가정법 16

『if절이 아니더라도, 동사를 가정법으로 쓰는 경우가 많아요.
의미상 '가정(사실과 반대)'인지 살펴보세요.』

Without you, my life would be boring.

→ 당신이 없다면, 나의 인생은 지루할 거예요.

Do it now. **Otherwise**, you would regret.

→ 지금 해. 그렇지 않으면, 너는 후회할 거야.

I wish I had a car.

→ 내가 차가 있으면 좋을 텐데. (직역: 나는 '내가 차가 있다면'하고 기원한다.)
* 현재 사실: 차가 없다 / 현재 사실의 반대 가정: 차가 있다면

He talks to me, **as if** I were his friend.

→ 그는 내게 말한다, 마치 내가 그의 친구인 것처럼.
* 현재 사실: 친구가 아니다 / 현재 사실의 반대 가정: 마치 친구인 것(처럼)

확인 문제 1

★ 밑줄 친 부분을 알맞게 써 볼까요?

나는 돈이 <u>있으면</u>, 차를 <u>살 거야</u>.
(have-had-had: 있다, buy-bought-bought: 사다)

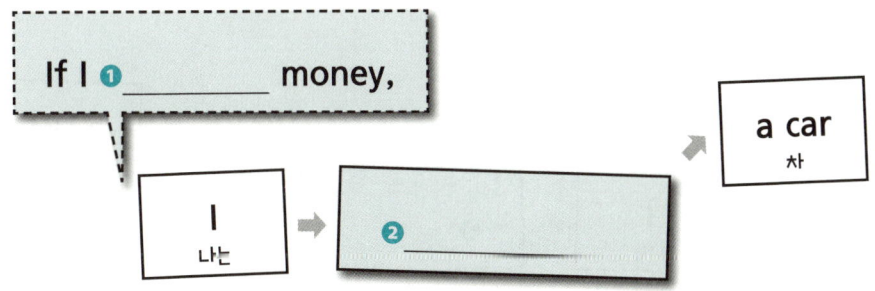

- '조건'인지 '가정'인지를 판단하세요.
- '조건'이라면, 조건을 거는 시점(현재)과 그 조건이 만족되는 시점(미래)에 해당하는 동사의 형태로 쓰세요.

ANSWER ① have ② will buy

확인 문제 2

★ 밑줄 친 부분을 알맞게 써 볼까요?

내가 돈이 있다면, 차를 살 텐데.
(have-had-had: 있다, buy-bought-bought: 사다)

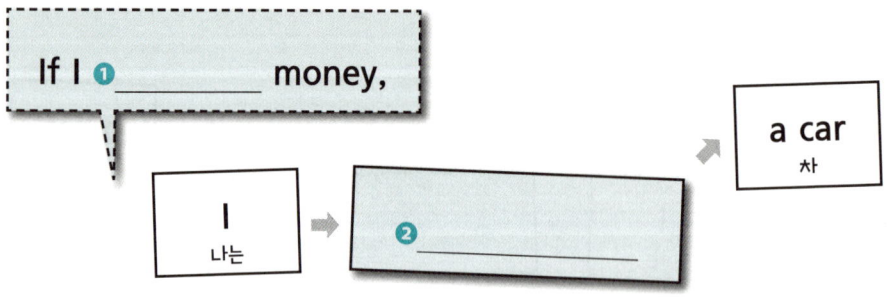

- 현재 사실과 반대인 것을 '가정'하는 것이라면, if절 동사를 과거형으로 쓰고, 주절의 조동사도 과거형으로 써요.

ANSWER ❶ had ❷ would buy

확인 문제 3

★ 밑줄 친 부분을 알맞게 써 볼까요?

내가 돈이 있었다면, 차를 샀을 텐데.
(have-had-had: 있다, buy-bought-bought: 사다)

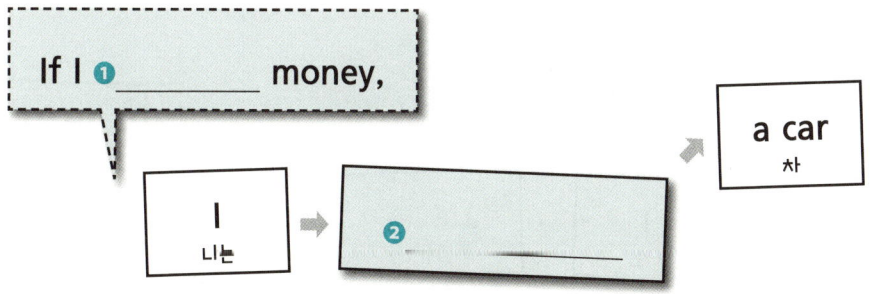

- 과거 사실의 반대를 '가정'하려면, if절 동사를 대과거 (had + 과거분사형)으로 쓰고, 주절의 조동사는 대과거형 (would + have + 과거분사형)으로 써요.

ANSWER ❶ had had ❷ would have bought

확인 문제 4

★ 밑줄 친 부분을 알맞게 써 볼까요?

내가 그녀라면, 나는 그것을 읽을 텐데.
(am/are/is-was/were-been: ~이다, read-read-read: 읽다)

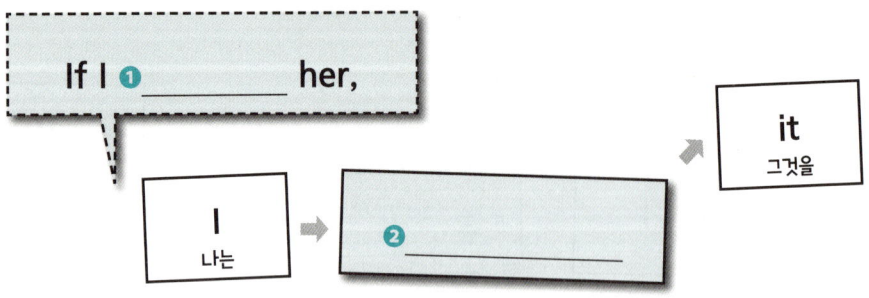

- if절에 들어가는 be동사의 가정법 과거는 were만 쓰고(현재 사실의 반대 가정), be동사의 가정법 대과거는 had been(과거 사실의 반대 가정)이에요.

ANSWER ❶ were ❷ would read

내용 요약 가정법

1 단순한 '조건'의 경우 조건을 거는 if절에는 **현재형 동사** 로 쓰고,

조건 만족 시 일어날 주절은 **미래형 동사** 로 써요.

2 사실이 아니지만 사실이라고 '가정'하는 경우, 동사를 **가정법** 으로 써요.

3 가정법의 형태는 다음과 같아요.

구분	if절의 동사	주절의 조동사
현재 사실의 반대 가정	과거형/were	would + 원형
과거 사실의 반대 가정	had + 과거분사	would have + 과거분사

4 가정법을 쓰면, **~할 텐데** , **~하겠지** 와 같은 상상, 추측, 안타까움, 소망 등의 의미를 나타내게 돼요.

5 조동사 would 대신 could를 쓰면 다음과 같은 의미가 돼요.

구분	주절의 조동사	의미
현재 사실의 반대 가정	could + 원형	~할 수 있을 텐데
과거 사실의 반대 가정	could have + 과거분사	~할 수 있었을 텐데

6 if절이 없어도 **without ~** , (~없다면), **otherwise** (그렇지 않으면)와 같은 말이 있으면, 가정법 동사를 쓸 수 있어요.

내용 확인
이 Chapter에서 배운 중요 내용을 빈칸을 채우며 확인하세요.

❶ 단순한 '조건'의 경우 조건을 거는 if절에는 _____ 로 쓰고,

  조건 만족 시 일어날 주절은 _____ 로 써요.

❷ 사실이 아니지만 사실이라고 '가정'하는 경우, 동사를 _____ 으로 써요.

❸ 가정법의 형태는 다음과 같아요.

구분	if절의 동사	주절의 조동사
현재 사실의 반대 가정		
과거 사실의 반대 가정		

❹ 가정법을 쓰면, _____ , _____ 와 같은
  상상, 추측, 안타까움, 소망 등의 의미를 나타내게 돼요.

❺ 조동사 would 대신 could를 쓰면 다음과 같은 의미가 돼요.

구분	주절의 조동사	의미
현재 사실의 반대 가정		
과거 사실의 반대 가정		

❻ if절이 없어도 _____ (~없다면), _____ (그렇지 않으면)와
  같은 말이 있으면, 가정법 동사를 쓸 수 있어요.

Congratulations~
일독을 축하합니다!!

가볍고, 빠르게 여러 번 읽으세요.

1회 일독 ☐

2회 일독 ☐

3회 일독 ☐

3회 이상 ☐

지은이	라임
펴낸이	라임
ISBN	979-11-90347-07-5
라임	서울특별시 성북구 고려대로7가길 3, 2층
Lime	제 25100-2012-000061 호
	blog.naver.com/studio_lime
	studio_lime@naver.com
	(TEL) 070-8953-0717
	(FAX) 02-6008-0713

이 책은 저작권법에 따라 보호받는 저작물이므로 무단 전재와 무단 복제를 금지하며,
이 책 내용의 일부 또는 전부를 사용하려면 반드시 라임의 서면 동의를 받아야 합니다.